DES LOIS

PROTECTRICES du TRAVAIL

CE QU'ELLES SONT

CE QU'ELLES DEVRAIENT ÊTRE

DISCOURS

DE

Jules GUESDE

A LA

CHAMBRE DES DÉPUTÉS

(Séances des 15, 21 et 24 Juin 1896)

LILLE
OUVRIÈRE, 6, LAGRANGE, RUE DE PARIS
1896

DES LOIS PROTECTRICES DU TRAVAIL

CE QU'ELLES SONT

CE QU'ELLES DEVRAIENT ÊTRE

DES LOIS

PROTECTRICES du TRAVAIL

CE QU'ELLES SONT

CE QU'ELLES DEVRAIENT ÊTRE

DISCOURS

DE

Jules GUESDE

A LA

CHAMBRE DES DÉPUTÉS

(Séances des 15, 22 et 24 Juin 1896)

LILLE

IMP. OUVRIÈRE, P. LAGRANGE, RUE DE FIVES, 28

1896

DES LOIS PROTECTRICES DU TRAVAIL

CE QU'ELLES SONT

M. le Président. — L'ordre du jour appelle la première délibération sur la proposition de loi, adoptée par le Sénat, portant modification de la loi du 2 novembre 1892 sur le travail des enfants, des filles mineures et des femmes dans les établissements industriels.

La parole est à M. Jules Guesde pour la discussion générale.

Jules Guesde. — Ce n'est pas sans une certaine surprise qui, je l'espère, a été partagée par un certain nombre d'entre-vous, que j'ai vu, jeudi dernier, notre collègue M. Sibille monter à cette tribune, comme à un capitole, et rendre grâce au dieu du parlementarisme de ce qu'il a appelé, à propos de la loi du 2 novembre 1892, « une œuvre de sagesse, une œuvre de justice et une œuvre de progrès ».

Je n'ignorais pas que la loi en cause et qu'on vous demande de modifier avait la prétention de réaliser un certain nombre de réformes : il s'agissait d'élever à treize ans l'âge d'admission des enfants au travail industriel ; il s'agissait de supprimer le travail de nuit ; il s'agissait d'instaurer d'une manière définitive le repos hebdomadaire; il s'agissait enfin de réduire, à dix heures pour les uns et à onze pour les autres, le travail des enfants et des femmes. Mais ce que je savais, et ce que vous savez tous, c'est que ces réformes, qu'on vous donnait comme réalisées, étaient encore à réaliser...

Jaurès. — Très bien !

Jules Guesde. — ... et que, nulle part, aucune des prescriptions édictées par vous, les législateurs, n'a été introduite dans la pratique. On continue aujourd'hui, après la loi, comme avant, à travailler douze, treize, quatorze, quinze et jusqu'à vingt-quatre heures par jour. (*Exclamations sur divers bancs*).

A l'extrême gauche. C'est vrai !

Jules Guesde. — Et, en disant que la limitation du travail n'a été respectée, ni pour les hommes, ni pour les femmes, ni pour les enfants, j'énonce un fait dont vous tous ici, représentants des cités industrielles, vous avez la preuve ; et aucun d'entre vous, en descendant dans sa conscience, n'oserait s'inscrire en faux contre cette plainte qui s'élève, d'un bout à l'autre du pays, de toutes les cités dolentes, de tous les enfers industriels, protestant contre une législation qui n'a jamais été respectée.

Pour la loi ou plutôt le décret-loi de septembre 1848, ce n'est pas même moi, ce ne sont pas même les ouvriers dont je ne suis ici que l'écho, qui viendront proclamer que cette loi n'a jamais existé que pour être violée ; c'est votre Commission supérieure du travail qui dans ses rapports au Président de la République, est obligée de faire cette déclaration :

« Dans les manufactures du Nord, la loi de 1848 et la loi de 1874 n'avaient jamais été sérieusement observées. On y travaillait treize et quatorze heures par jour. »

A côté de cet aveu officiel, sur lequel s'appuyait M Sibille pour chanter les louanges de l'espèce de paradis partiel et momentané dans lequel la loi de 1892 aurait introduit le prolétariat, qu'il me soit permis de faire appel à d'autres témoins qui sont en même temps les victimes, ouvriers et ouvrières, qui disent ce qu'ils ont vu, ce qu'ils ont souffert

Voici un premier procès-verbal que j'ai reçu des travailleurs de Roubaix, concernant un établissement que je nommerai — ou que je ne nommerai pas, — selon que le décidera la Chambre.

Dans cet établissement, des enfants de treize à seize ans, au nombre de trois cents environ, travaillent, en moyenne, de treize à quinze heures par jour, avec un arrêt de une heure pour dîner. Le samedi, ils passent la nuit jusqu'au dimanche matin à six heures. Un certain nombre, sur la demande du patron, passent deux et trois nuits par semaine ; ils peuvent refuser, mais aussi ils savent qu'au premier ralentissement du travail, ils seront les premiers congédiés, de sorte que, retenu par la peur du pain quotidien à perdre, nul n'ose dire non, de crainte d'être parmi ceux qui seront exécutés à la première crise.

M. Lemire. — Il n'y a donc pas de loi à Roubaix ?

M. Laguel. — Et que font les inspecteurs ?

Jules Guesde. — Nous le verrons tout à l'heure. Pour le moment, je me borne à examiner devant vous, avec les pièces à l'appui, ce qui a été fait de toutes les lois prétendues protectrices du travail.

Faberot. — Il y a des inspecteurs qui n'inspectent pas, voilà tout.

Jules Guesde. — Nous verrons tout à l'heure, citoyen Faberot, pourquoi ils n'inspectent pas.

M. Lemire. — Quelquefois, ils inspectent trop!

Jules Guesde. — Voici une autre usine, toujours de Roubaix. Il s'agit d'une fabrique d'apprêts :

« Nous travaillons, — m'écrivent les ouvriers, — de quatre-vingt-douze à quatre-vingt-quatorze heures par semaine, se répartissant comme suit...» — C'est le détail, la démonstration jour par jour, heure par heure, de cette exploitation illimitée et à laquelle vous avez voulu mettre un frein ; mais, entre votre volonté et le fait, une volonté supérieure à la vôtre est intervenue, annulant la vôtre : celle de la classe capitaliste, maîtresse de la République d'aujourd'hui comme de l'Empire d'hier. (*Applaudissements prolongés à l'extrême gauche.*)

« Le lundi, depuis six heures du matin jusqu'à six heures du soir ; le mardi, quatorze heures et demie ; le mercredi, quatorze heures et demie ; le jeudi, quinze heures ; le vendredi, quinze heures ; le samedi, vingt-quatre heures. »

Et ils vont au devant de l'interruption de notre ami Faberot, qui me demandait tout à l'heure : « Que font donc les inspecteurs? » Ah ! soyez tranquilles ! On s'en préoccupe beaucoup, des inspecteurs, et c'est pourquoi, aussitôt que les patrons ont reçu avis d'une visite prochaine, ils réunissent les ouvriers et leur disent : « Il est bien entendu que dans le cas où on vous interrogerait sur le nombre d'heures de travail que vous accomplissez, vous répondrez que vous ne faites jamais plus de douze heures. » (*Exclamations*)

M. Dron, *rapporteur*. - Y aurait-il indiscrétion, monsieur Guesde, à vous demander dans quel genre d'industrie se commettent ces abus ?

Jules Guesde. — J'ai indiqué tout à l'heure qu'il s'agit d'une fabrique d'apprêts.

Voici un autre établissement — je suis toujours à Roubaix, et je suis obligé de prendre mes exemples dans cette ville type à tous les points de vue : type au point de vue de l'exploitation ouvrière et type au point de vue de la revendication ouvrière· (*Très bien ! très bien ! à l'extrême gauche*). Dans cette fabrique, les enfants de treize à quinze ans travaillent douze et quatorze heures par jour dans une atmosphère insupportable. Il s'agit d'un peignage mécanique. Vous savez à quelle température sont soumis ceux et celles qui sont obligés, pour vivre, de passer par ce véritable four, où on ne travaille pas, où l'on cuit.

En voici d'autres encore : « c'est dix-sept heures, c'est dix-huit heures qu'on travaille », et c'est en vain que, voulant au moins, par des protestations

individuelles, amener la fin d'un pareil régime,
les travailleurs, au nom de la loi, disent : « Nous
sortons de l'usine où la loi n'est pas respectée » ;
car les travailleurs sont respectueux de la loi que
sont seuls à fouler aux pieds les employeurs que
vous n'avez pas eu, jusqu'à présent, le courage de
mettre à l'ordre. Vous avez inscrit dans toutes
vos Constitutions depuis un siècle : Egalité devant
la loi, devant le respect de loi ; mais ce n'est
qu'une étiquette ; cela se met sur le frontispice
des Constitutions, dans la lettre de la loi, mais
dans les faits, dans la réalité, on laisse subsister
les attentats que nous dénonçons tous les jours,
qui, malheureusement, au train dont vont les
choses, paraissent ne devoir disparaître qu'avec
la disparition de la classe capitaliste elle-même.
*(Exclamations au centre -- Applaudissements sur plu-
sieurs bancs d'extrème gauche.)*

Au tour de Fourmies, maintenant, de Fourmies,
la ville fusillée, la ville où le sang des femmes
et des enfants a coulé inutilement, hélas ! pour la
classe à laquelle appartenaient les victimes. *(Très
bien, très bien à l'extrème gauche.)*

A Fourmies, à Glageon, à Ohain, la journée de
travail est de treize heures vingt minutes, quand
elle n'est pas de treize heures vingt-cinq.

M. Guillemin. — C'est inexact ! (1)

---

(1) C'était si peu inexact que Guesde avait en mains la distri-
bution des heures de travail, à la date de décembre dernier, dans
les deux établissements qu'on allait l'obliger à nommer : Hubinet, à
Glageon : entrée 1 h. 45 du matin, sortie 9 h. 15, rentrée 9 h. **45,**

Jules Guesde. — Voulez-vous des noms? (*Oui, oui !*) Je vais les donner:

Chez M. Louis Hubinet, à Glageon, la journée était de treize heures vingt, chez MM. Delval-Hardy-Dégousée frères, à Ohain, la journée est de treize heures vingt-cinq.

Mais laissez-moi, je vous prie, dépersonnaliser le débat. Vous verrez tout à l'heure comment nous autres, socialistes, qu'on donne couramment comme excitant à la haine de tels ou tels patrons, que l'on essaye de transformer en adversaires personnels des employeurs, nous sommes au contraire ceux qui non-seulement

---

sortie 2 h. 15, rentrée 2 h. 50, sortie 7 h 10 soir. Delval-Hardy-Degoussée frères, à Ohain : entrée 4h. 50 du matin, sortie 9 h., rentrée 9 h. 30, sortie 2 h., rentrée 2 h. 50, sortie 7 h. 35 soir.

D'ailleurs, lorsque, douze jours plus tard, M. Guillemin essaya de disculper les patrons, ses grands électeurs, les démentis plus qu'intéressés qu'il produisit à la tribune se retournèrent contre lui pour le confondre. N'était-ce pas le président de la Société industrielle de Fourmies qui était forcé d'avouer qu'à Fourmies même, un industriel avait fait travailler plus de douze heures. D'autre part, le même président, M. Delahaye, jugeait 'tellement fantaisiste « la prétention de MM. Delval-Hardy et Hardy-Degousée de travailler treize heures et de respecter la loi » qu'il ajoutait, au milieu des rires ironiques de la Chambre : n'étant pas certain de ce qu'ils disent, et ne pouvant pas le contester, j'ai cru ne devoir pas l'écrire. »

La loi — au moins avant le discours de Jules Guesde — était dans toute la région de Fourmies, si couramment violée que « des patrons même le déploraient auprès de nos amis de l'*Avenir Fourmisien* » (n° des 5-12 juillet) et que dans la deuxième semaine de juin, les rattacheurs de la filature Godefroy, à Trieux, avaient dû soutenir une grève de deux jours pour ramener la journée de travail de 13 heures 15 à 12.

admettent, mais ont toujours proclamé ici, et ailleurs, l'irresponsabilité des individus, de façon à créer la responsabilité de l'institution.

Jaurès.— Très bien ! très bien !

Jules Guesde. — Les patrons, comme indivi-dus, nous préoccupent fort peu ; ils sont eux-mêmes victimes d'une société qu'ils n'ont pas faite, et dans laquelle, naturellement, ils essayent de maintenir une situation, en apparence du moins, privilégiée ; c'est le patronat, c'est l'ins-titution elle-même que nous visons et que nous avons toujours visée, elle seule ; et c'est pourquoi lorsque vous avez essayé, par ignorance — je ne veux pas croire que ce soit par calcul, — de nous confondre avec les propagandistes par le fait, avec les partisans de l'action individuelle poussée jus-qu'à la bombe, nous aurions pu, pour toute ré-ponse, vous crier : Prenez garde ! le jour où le socialisme viendrait à disparaître, s'il pouvait disparaître, vous seriez alors livrés sans défense aucune à toutes les représailles individuelles, à toutes les vengeances privées. (*Applaudissements à l'extrême-gauche*)

C'est nous qui, en montrant aux travailleurs un affranchissement collectif, sortant et ne pouvant sortir que d'une action politique commune, en établissant qu'il n'y a que des catégories sociales dont les individus ne sauraient être rendus res-ponsables, c'est nous qui constituons en réalité la plus grande société d'assurances sur la vie pour les féodaux de l'industrie. (*Exclamations sur divers bancs. — Très bien! très bien ! à l'extrême-gauche.*)

M. Julien Goujon.— Vous êtes l'Etat-tampon !

Jules Guesde. — Tant pis pour vous, si vous ne le comprenez pas! tant pis pour vous surtout si la propagande et l'organisation socialiste venaient à subir une éclipse momentanée ! Vous vous trouveriez en face de désespoirs et de haines accumu·lés dont rien ne pourrait empêcher l'explosion. (*Bruit*)

J'ai établi, par le cri des ateliers, que la limitation des heures de travail n'était respectée nulle part. Mais avais-je besoin de ce témoignage des victimes ? J'aurais pu aussi bien coudre les bouches ouvrières et m'en tenir à ce qui échappe, à ce qui émane malgré eux, des rapports de vos inspecteurs. Relativement à l'âge d'admission, qu'est-ce que dit l'inspecteur divisionnaire de la 6ᵉ circonscription?

« La filature de coton et de lin » — je puis ici donner les noms, puisqu'ils sont imprimés en toutes lettres dans le volume qui vous a été distribué, sans paraître prendre ce rôle de dénonciateur de la personne des patrons auquel j'ai toujours répugné. (*Exclamations*.)

Qui est-ce qui rit ici ?

M. du Breil, comte de Pontbriant. — Ce sont vos amis.

Jules Guesde. — Ils rient alors des sottes accusations portées contre nous et auxquelles je faisais allusion.

« La filature de coton et de lin à Barentin, 1ʳᵉ section de la 6e circonscription, emploie 34 garçons et 33 filles de moins de treize ans et dont un certain nombre — un certain nombre seulement

— possèdent le certificat d'études. Les **autres.** embauchés sous le régime de la loi de 1874, **n'ont pas été congédiés,** » c'est à dire ont été **maintenus** en violation de la loi du 2 novembre 1892, et **cela depuis** trois années !

« Le certificat médical » — que vous avez également exigé pour les enfants n'ayant pas atteint l'âge légal de treize ans, — « ce certificat **médical** n'est délivré dans aucune section, bien que dans un département les médecins chargés de le délivrer aient été désignés. Dans les autres départements » — encore une responsabilité qui apparaît — « les conseils généraux ont négligé de faire cette désignation. »

Je continue la lecture de ces rapports, aussi officiels qu'instructifs, sur lesquels s'appuyait l'autre jour l'optimisme de M. Sibille:

« Les verreries. au nombre de dix, emploient, à elles seules, 51 enfants au-dessous de treize ans. Les conditions dans lesquelles ces enfants sont employés sont déplorables.

« Trois procès-verbaux suivis de condamnations ont dû être dressés » — c'est un devoir bien pénible parait-il, pour les inspecteurs ! — « contre trois maîtres verriers pour emploi frauduleux d'enfants de huit à onze ans. » (*Exclamations*).

M. Lemire. — Où cela ?

Jules Guesde. — Ce n'est plus la limite de treize ans qui est violée ; nous revenons presque à cet ouvrier de sept ans qui, il y a quelque trente ans, tirait les larmes, au moins sous forme d'encre, à M. Jules Simon.

Faberot. — Il y en a encore de plus jeunes.

Jules Guesde. — A Elbeuf — je suis toujours dans la sixième circonscription et sur la question de l'âge auquel on peut légalement manger en herbe le blé ouvrier — à Elbeuf, non seulement on viole votre loi, mais on la tourne.

Il est vrai que tourner une loi, pour la gent capitaliste c'est presque la respecter, parce que c'est au moins constater son existence, et qu'ailleurs les patrons déclarent plus simplement : la loi, je ne la connais pas, je suis ma loi à moi-même ; il y a peut-être une République qui existe depuis vingt-cinq ans ; il y a peut-être des lois protectrices du travail qui ont été votées à différentes reprises ; mais ces lois je ne les connais pas, je suis au-dessus d'elles ; mon usine, c'est mon domicile personnel, où je suis et entends rester maître absolu *(Très bien ! à l'extrême gauche)* ; j'y annexe une chapelle comme je pourrais y annexer une salle de bains ; seulement la salle de bains serait pour moi, tandis que la chapelle est pour mes ouvriers, pour mes ouvrières...

Faberot. — Pour les esclaves !

Jules Guesde... pour leurs enfants que je contrains à des pratiques religieuses, en me moquant de votre Constitution qui proclame la liberté de conscience.

M. Julien Goujon. — C'est absolument inexact pour Elbeuf !

Jules Guesde. — Je ne vous ai pas dit que le fait se passât à Elbeuf.

Coutant. — Cela se passe dans le Nord.

Jules Guesde. — M. Goujon, je vous prie de m'écouter avant de m'interrompre.

Faberot. — Et les économats, où les ouvriers sont obligés de s'approvisionner ! *(Bruit)*

M. le président — L'incident est clos, puisqu'il y a erreur sur Elbeuf.

Jules Guesde. — M. le président, je vous prie de faire remarquer à la Chambre que je n'ai jamais prétendu qu'il fût question d'Elbeuf ; par conséquent, l'intervention de M. Goujon, même sous forme d'interruption, est absolument inexcusable.

M. Julien Goujon. — Pas le moins du monde! *(Bruit à l'extrême gauche)*.

Jules Guesde. — Je comprendrais très bien que les représentants des circonscriptions dont e viendrais à mettre en cause certains patrons prissent la parole pour contester mes paroles ; je ne suis pas de ceux qui reculent devant un débat contradictoire ; mais ce que je ne saurais admettre, c'est qu'un représentant de la Seine-Inférieure vienne me donner un démenti, alors que je n'ai pas pris à parti son département. *(Très bien ! très bien ! à l'extrême gauche)*.

M. le comte de Bernis. — Où donc ces faits se passent-ils ?

M. le président. — Je prie mes collègues de ne pas interrompre. Malgré l'invitation de l'orateur, on n'a pas le droit de donner ici des démentis ; on pourra apporter à la tribune des faits et des rectifications. *(Très bien ! très bien !)*.

M. Julien Goujon. — De quel département parliez-vous, monsieur Guesde ?

Jules Guesde. — Lorsque j'ai été interrompu, je signalais, au contraire, la Seine-Inférieure comme un département relativement respectueux de la légalité, puisque, disais-je, on n'y violait pas directement la loi, on se contentait de la tourner.

Ce n'est même pas moi qui ai apporté cette affirmation : c'est l'inspecteur divisionnaire de la 6ᵉ circonscription, disant à la page 195, — vous pouvez vous y reporter :

« A Elbeuf, la plus grande partie du travail pour le triage des chiffons est donné en ville par des manufacturiers à des femmes qui occupent chez elles, à leur tour, leurs enfants et surtout leurs filles...

« La loi est tournée et les enfants aspirent chez eux et dans de plus mauvaises conditions d'hygiène qu'à l'atelier, les poussières malsaines qui s'en dégagent. »

Mêmes illégalités dans la 1ʳᵉ circonscription, de l'aveu de l'inspecteur divisionnaire :

« Environ 250 enfants au-dessous de treize ans, non munis des certificats prévus par la loi, ont été rencontrés dans les ateliers visités cette année. De même que le certificat d'études, le certificat d'aptitude physique n'accompagne presque jamais le livret.

« Il arrive assez souvent de trouver des livrets dont les titulaires, non munis des certificats, n'ont même pas douze ans.

Dans la 6ᵉ circonscription (Nord, Pas-de-Calais, Somme), les deux industries où les contraventions, relativement à l'âge des enfants, ont continué à être les plus nombreuses sont la verrerie et la fabrication des briques.

« Il est douteux qu'on obtienne avant longtemps des résultats sérieux. Parmi les enfants illicitement employés figurent bon nombre d'enfants n'ayant pas le certificat d'études primaires institué par la loi du 28 mars 1882.

« Quant aux enfants de douze à treize ans non pourvus du certificat médical, l'inspecteur de la 4ᵉ section en a compté 189 sur 234, et l'inspecteur de la 5ᵉ, 90 sur 120. »

Tout ceci pour la première prescription, concernant l'âge de l'industrialisation de l'enfance, que M. Sibille nous présentait comme une réforme accomplie.

Je passe maintenant à une autre prescription non moins importante, relative à la durée ou à la limitation de la journée de travail. C'est l'inspecteur de la 6ᵉ circonscription qui a la parole :

« A Falaise, la plupart des ouvriers bonnetiers travaillent à domicile dans la ville et les campagnes environnantes. Ces ouvriers remettent les produits au fabricant de bonneterie chez lequel se font les confections, et ils peuvent ainsi faire des journées de quatorze, quinze et seize heures, » — non pas librement, non pas volontairement, non pas par élection, mais « pour obtenir un travail rémunérateur, sans que la loi puisse les atteindre. La plupart des ouvriers bonnetiers sont employés de cette façon. » (Page 195).

« La durée des douze heures de travail est souvent dépassée. La plupart du temps, tout le personnel prend part à la veillée, au moins à partir
de seize ans, et les patrons déclarent impossible
et impraticable la formation de plusieurs équipes. » (Page 205).

Si je passe à la 1re circonscription, je vois
ceci :

« La durée excessive de la journée de travail,
prolongée jusqu'à treize et quatorze heures, qui
est un véritable surmenage, se rencontre assez
fréquemment chez les ouvriers adultes »

Voici maintenant le rôle des inspecteurs :

« En présence de la proposition de loi, adoptée
récemment par le Sénat, de fixer la journée à
douze heures pour les travailleurs de tout âge, il
était difficile de continuer à exiger strictement
cette durée à dix heures pour les enfants...»

Les inspecteurs deviennent des législateurs ;
ils s'ajoutent au Sénat pour briser les décisions
de la Chambre ! (Très bien à l'extrême gauche).

« Nous avons donc, poursuivent-ils, — et ils
s'en vantent — fermé les yeux lorsque le travail
ne dépassait pas onze heures. »

« Dans la 5e circonscription, dans les peignages
de laine, aux périodes des abondants arrivages
de laine, les machines sont actionnées toute la
nuit.

« Dans ces conditions d'intensité de travail, les
patrons cherchent à tirer des ouvriers la plus
grande somme de travail, et la durée de la journée varie suivant les diverses catégories des travailleurs employés, en donnant lieu à des abus

de toutes sortes que l'inspecteur soupçonne bien, mais qu'il n'est pas toujours en mesure de constater...

« Nous avons constaté, au cours de visites, que la durée du travail avait été maintenue à douze heures dans deux manufactures de jute dans la 6ᵉ section...» — il s'agit de femmes et d'enfants, vous entendez bien ? — ...« Nous avons hésité à constater par voie de procès-verbal les infractions à la loi. » (*Rumeurs à l'extrême gauche*).

Voici maintenant, dans le rapport de M. Pierre du Maroussen, délégué de l'Office du travail, ce que je lis également au sujet de la durée de la journée de travail :

« Le travail, dans la grande couture, la moyenne couture et la petite couture, est presque partout de douze heures, quelquefois de onze heures, quelquefois aussi de quatorze heures. »

Je n'en ai pas fini avec la réglementation de la durée du travail et les accrocs qui lui sont faits couramment. (*Bruit au centre*). Ah ! messieurs, il est possible que ces constatations, par voie officielle, des violations de la loi votée par vous, ne vous intéressent pas ou vous gênent; mais je vous en prie, dans votre intérêt, abstenez-vous de le manifester. Ne laissez pas croire au monde de l'atelier que vous ne votez de loin en loin quelques lois en sa faveur que dans l'espérance qu'elles ne seront pas appliquées. (*Réclamations au centre. — Applaudissements à l'extrême gauche*).

« Dans un atelier de confection de vêtements pour hommes, à Flines-les-Raches, femmes et filles étaient occupées douze heures et demie par jour...

« Dans la marbrerie de Fresnes, un industriel »
— il est vrai qu'il était Belge, ce qui vous permet à vous, antiinternationalistes, de le couvrir
d'une protection toute spéciale (*Très bien ! très
bien ! à l'extrême gauche*) -- « faisait travailler les
ouvrières polisseuses de marbre plus de treize
heures par jour... L'inspecteur s'est borné à un
avertissement, sous prétexte que l'établissement
était « visité pour la première fois. »

J'avais cru jusqu'alors que, limitée chaque année à un certain nombre d'usines, l'inspection devait s'y montrer d'autant plus sévère et établir,
par des procès-verbaux et les suites à y donner,
qu'on ne badinait pas avec la loi, de façon que les
industriels non encore inspectés, convaincus de
la nécessité de se soumettre, prissent les devants
et se missent en règle. Il paraît au contraire qu'on
a éprouvé le besoin d'encourager la résistance, de
la généraliser en rassurant les patrons, en leur
prouvant que, lorsqu'on se présentait pour la
première fois chez eux, cette visite-là était une
visite blanche, qu'elle ne comptait pas et que,
comme les visites sont espacées en moyenne de
trois ans en trois ans, ils avaient encore trois années pour violer la loi impunément. (*Applaudissements sur les mêmes bancs*).

Dans les distilleries de betteraves, les fabriques
de sucre, les enfants et les femmes sont répartis
en deux équipes se relayant ordinairement à six
heures du matin et à six heures du soir et alter-
nant chaque dimanche ; mais cette alternance se
fait pour les femmes et les enfants par une beso-
gne de quatorze à dix-huit heures.

« Dans la 11e circonscription (Rhône, Isère,etc.) les ateliers de dévidage occupent des ouvrières étrangères à gage. L'ouvrière est une paysanne qui se loue moyennant des apppointements annuels (200, 150, voire 50 et 30 fr.). La patronne la nourrit, la loge et la fait travailler autant qu'elle peut, c'est-à dire treize et quatorze heures par jour.

M. Balsan. — De quel endroit s'agit-il ?

Jules Guesde. — De la 11e circonscription, comprenant le Rhône, l'Isère, l'Ain, etc. Vous n'avez qu'à ouvrir le rapport qui a été distribué sur l'application de la loi du 2 novembre 1892, pendant l'année 1894.

Toujours dans la 11e circonscription, « l'article 13 de la loi du 2 novembre sur la durée du travail des enfants, ainsi que les articles 5 et 6 sur le repos hebdomadaire et la loi de 1848 sont violés», — cela ne compte probablement pas ! — « une fois par semaine dans les aciéries par l'équipe qui fait vingt-quatre heures. »

J'arrive au travail de nuit.

L'interdiction de cet abattoir, comme on a pu l'appeler, est aussi rigoureusement observée que les autres prescriptions inscrites dans votre loi.

« L'inspecteur de la 6e circonscription appelle l'attention sur l'emploi des femmes, de nuit, dans les filatures de laine de Lisieux, de la vallée d'Orbec et du Calvados en général... »

« L'inspectrice chargée de la 7 section signale que les modistes et les couturières n'ont pu s'organiser encore pour ne pas veiller en dehors des époques fixées par le réglement. »

« Les maîtresses d'ateliers (dans les blanchis-
series) ne peuvent se contenter de onze heures
de travail et les ouvrières sont surmenées. »

Tout cela s'étale tout au long dans vos rapports,
sans un mot de protestation, avec des excuses, au
contraire, de longues plaidoiries pour les pauvres
patrons et patronnes que les nécessités industrielles obligent à piétiner vos lois (*Applaudissements à l'extrême gauche*).

1ᵉ circonscription, — il s'agit de la Seine, de
Paris — Voici ce que je lis : « Les prescriptions
de l'article 4 du décret du 15 juillet 1893 sont ré-
guliérement observées. » Vous allez voir comment : « Les femmes et les enfants employés la
nuit ne travaillent pas plus de dix heures. »

5ᵉ circonscription : « Il faut l'avouer, douze
heures consécutives de travail de nuit », — je
croyais que vous l'aviez supprimé ! — « sans repos, dans l'atmosphère surchargée des ateliers
de peignage de laine, sont particulièrement pé-
nibles...»

Autre citation : « Le travail de nuit est pratiqué
encore par les enfants, sans qu'il soit bien facile
d'y apporter reméde, dans les fabriques de tulle
et de dentelle. »

Ainsi, ce n'est pas seulement le présent com-
promis, c'est l'avenir que l'on vous présente
comme livré. On n'a rien pu faire hier, on ne
pourra pas faire davantage demain !

Au repos hebdomadaire, maintenant.

6ᵉ circonscription : « Le repos hebdomadaire
est fixé au dimanche et n'est pas observé dans les

villes d'eaux, au moment des premières communions et des deuils. »

1re circonscription : « La vieille habitude d'appeler l'apprenti le dimanche matin pour le rangement et le nettoyage de l'atelier persiste encore dans la petite industrie. »

Cette vieille habitude dans laquelle on se retranche pour laisser fouler aux pieds la loi, est moins vieille que cette autre qui consistait à créer sur les fruits de la terre un droit à tous ceux qui avaient faim et soif ; et cependant, si cette vieille habitude communiste et séculaire, on s'avisait, parmi les meurt-de-faim, de la remettre en vigueur, dites, y aurait-il assez de gendarmes, assez d'audiences de flagrants délits, pour convaincre ces meurt-de-faim de la nécessité de l'immoler à la loi capitaliste d'aujourd'hui ? *(Applaudissements à l'extrême gauche)*.

Je continue mes citations :

5e circonscription. — « Dans les verreries à bouteilles, possédant des fours à pot, le repos hebdomadaire n'est pas pratiqué. »

Plus loin : « Les modistes et couturières font revenir chaque dimanche leurs apprenties pour porter le·commandes en ville… »

« Les patrons de certains petits ateliers exigent encore que leurs apprentis fassent le rangement des ateliers le jour de repos. »

« Dans les fabriques de margarine, les enfants et les femmes sont occupés le dimanche jusqu'à midi pour l'emballage des marchandises. »

« Un certain nombre d'enfants, attachés comme

auxiliaires à la construction des bâtiments, sont employés dans la matinée du dimanche. »

7ᵉ circonscription (Côtes-du-Nord, Finistère, Loire-Inférieure). — « Dans les petites industries, ateliers de couture, de modes, de maréchalerie, de sellerie, on continue à employer, le dimanche les enfants à faire des courses ou à ranger les ateliers. »

Est-il maintenant nécessaire, après vous avoir promenés à travers la violation persistante et, on peut le dire, quotidienne des prescriptions de la loi, prescriptions que j'appellerai vitales, d'ajouter que les autres, celles qui sont d'ordre secondaire, ne sont pas mieux respectées ?

Le certificat d'études, par exemple :

« Un inspecteur signale que, dans sa circonscription, plusieurs écoles congréganistes délivrent aux enfants une pièce qui, comme aspect extérieur, ressemble à s'y méprendre au certificat d'études véritable ; certains maires s'y sont trompés tellement, qu'ils ont, sur la présentation de cette pièce, délivré des livrets à des enfants âgés de moins de treize ans. » (Page 12 du rapport de la commission supérieure du travail).

« Quant au certificat médical, lit-on dans le même document, sa délivrance rencontre encore beaucoup de difficultés ; il faudra un délai assez long pour faire observer complètement cette prescription. »

En ce qui touche l'examen médical que les inspecteurs ont le droit de requérir, ils avouent eux-mêmes qu'ils n'usent jamais de ce droit, et ils ajoutent innocemment, naïvement, je dirai, moi, cyniquement « Nous préférons nous entendre directement avec les patrons »

Si vous avez nommé des inspecteurs du travail pour qu'ils s'entendent directement avec les patrons, plus n'est besoin de rechercher pourquoi et comment les lois ainsi gardées n'ont jamais été appliquées. (*Très bien ! très bien ! à l'extrême gauche*).

Les inspecteurs ont encore rencontré un certain nombre d'enfants non munis du livret prescrit par la loi. « Des livrets, disent-ils, ont été délivrés à des enfants au dessous de treize ans, bien qu'ils ne fussent munis ni du certificat d'études primaires, ni du certificat médical. »

Quant aux registres et à l'affichage, pour que, de ce côté, la loi ait au moins l'air d'être observée, savez-vous à quelles concessions, aux dépens des contribuables, ont dû se livrer les inspecteurs ? Ils ont dû remettre gratuitement registres et affiches aux industriels, et ils ajoutent : « Dépense assez considérable. »

De quel droit les inspecteurs ont-ils engagé les finances de la nation ? Où donc est leur droit de créer un supplément de dépenses publiques pour éviter aux fabricants, aux patrons, les frais leur incombant de par la loi ?

Un inspecteur ajoute : « Ce qui s'exécute moins encore, c'est l'envoi à l'inspecteur et à la mairie d'un exemplaire des tableaux indiquant la répartition des heures de travail et des heures de repos. »

Or, toute la loi est là. Si vous ne savez pas comment se répartit le travail, le moment où il commence. le moment où il finit, à quelle heure se prennent les repos, vous n'avez aucun contrôle, aucune possibilité de contrôle ; vous êtes réduits à accepter comme parole d'évangile la parole patronale. Or, que nous apprend-on ? Que pour avoir ces documents indispensables, « certains inspecteurs et inspectrices ont dû prendre le parti de remplir eux-mêmes les tableaux, sous la dictée de l'industriel. » (*Exclamations à l'extrême gauche*). Autant confier l'exécution de la loi, faite contre les employeurs, aux employeurs eux-mêmes.

Si je suis entré dans ces détails, c'est par nécessité ; c'est qu'il ne fallait pas, pour la majorité de cette Chambre, procéder par voie d'affirmation; c'est qu'il était indispensable de vous mettre en présence du témoignage, de la déposition, j'allais dire du réquisitoire, si involontaire soit-il, de vos inspecteurs, de ce qui se dégage de l'inspection telle que vous l'avez organisée.

Donc, selon la très juste expression du rapporteur de la proposition de loi en discussion, la loi du 2 novembre 1892 est bien réellement restée lettre morte. Mais pas seulement parce que le Sénat qui vous l'a imposée, et qui était déjà « l'espoir suprême et la suprême pensée » de la réaction capitaliste, y a introduit certaines dispositions qui devaient la rendre inexécutable et maintenir ainsi indirectement le laissez - faire, laissez-passer en matière d'exploitation ouvrière.

Les causes de l'avortement que j'ai dû constater sont ailleurs. Ce sont les mêmes qui ont fait avorter toute la série des lois antérieures. Voilà plus d'un demi-siècle que le décret-loi réduisant à douze heures la journée de travail pour les adultes est sorti de la République de février, et ce décret-loi, tous les gouvernements qui se sont succédé se sont fait gloire de le laisser déchirer. Il est resté plus que lettre morte, il n'a jamais commencé à exister et les travailleurs ont pu se dire que sous ce rapport, comme sous tant d'autres, la République de 1848, qu'ils avaient cimentée de leur sang, avait été pour eux plus qu'une banqueroute simple, une banqueroute tout ce qu'il y a de plus frauduleuse.

L'autre loi, sur l'interdiction du marchandage, n'a pas eu un sort meilleur — nous verrons tout à l'heure pourquoi. Car ce que je voudrais ici, ce n'est pas seulement faire le procès de la loi de 1892 et de la façon dont elle n'a pas été exécutée; ce que je voudrais, parce que là est ma tâche, là est mon devoir, c'est vous faire toucher du doigt — vous en ferez ensuite ce que vous voudrez — les causes essentielles pour lesquelles toutes les lois faites et à faire, en matière de travail, sont demeurées et demeureront des leurres, aussi longtemps que vous demeurerez dans cette sainte ignorance du milieu social où vous vous complaisez.

Vous vous obstinez à nier les classes, en vous appuyant soit sur la Révolution de 1789 qui les aurait supprimées, soit sur votre désir de les voir disparaître. Et ces classes dominent tellement le milieu économique avec leur antagonisme constant et fatal, que toutes les lois que vous faites pour les uns ont pour ennemis acharnés, pour adversaires irréductibles, les autres !

Voter une loi de protection ouvrière, c'est reconnaître les classes. (*Exclamations au centre.*) Oui, le jour où vous votez une pareille loi, vous affirmez qu'il y a une classe opprimée, exploitée, qu'il y a des hommes ne possédant rien, ne se possédant pas eux-mêmes, réduits, pour ne pas mourir, à la vente quotidienne de leur force de travail et incapables, par suite, de se défendre, de défendre leurs femmes et leurs enfants, poussés par la faim sur le marché du travail et à la merci d'autres hommes, possédant tout, ceux-là, qui peuvent les consommer à volonté. Et vous comprenez la nécessité de mettre un arrêt, un cran de sûreté, une limite à cette anthropophagie patronale (*Exclamations sur divers bancs. — Très bien ! très bien ! à l'extrême gauche.*)

A ce moment, dis-je, vous comprenez. Un éclair vous a découvert et illuminé l'horizon, mais la nuit ne tarde pas à se reformer dans vos cerveaux, et après avoir élaboré une loi essentiellement de classe, en faveur d'une classe contre les appétits de l'autre, vous agissez comme si les classes n'existaient pas !

Lorsqu'il s'agit de la sanction à donner à votre loi, oubliant qu'elle ne peut créer de la liberté pour les employés qu'en réduisant la liberté des employeurs, vous ne prenez aucune des garanties indispensables pour briser la résistance de la classe maîtresse de tout et de tous, parce que détentrice des moyens de vie et de production. C'est elle la véritable et unique souveraine, dans l'ordre politique comme dans l'ordre économique, et vous n'êtes ici que dans la mesure où vous la soutiendrez elle et ses privilèges. Vous croyez peut-être gouverner, et c'est elle qui vous domine avec son marché de la Bourse, sa féodalité financière, industrielle et commerciale, se couvrant de l'intérêt national. Derrière ce grand mot il n'y a qu'un intérêt de classe.

A peine la loi votée, on n'a qu'une idée en haut lieu : en restreindre l'application au moyen de règlements dits d'administration publique ; ces règlements disent : oui, là où la Chambre, où le Parlement avait dit : non. Toutes les prescriptions, toutes les interdictions décidées par vous sont emportées en quelques lignes. En réalité, vous n'êtes plus le législateur ; vous n'êtes qu'un simple conseil d'État proposant des lois qu'un règlement d'administration publique modifie, mutile et annule à volonté. Vous avez démissionné ; vous avez abdiqué la fonction qui vous était imposée par le suffrage universel et par la souveraineté nationale dont vous êtes l'expression ; de telle sorte que nos lois de fabrique pourraient et devraient toutes se libeller comme suit :

« Art. 1ᵉʳ. — Le travail de nuit est supprimé ; le repos hebdomadaire est obligatoire ; on ne pourra faire travailler, suivant les catégories de travailleurs, que dix, onze ou douze heures.

« Art. 2. — Un règlement d'administration.

publique pourra toujours supprimer le repos hebdomadaire, rétablir le travail de nuit et autoriser
les patrons à exploiter leur personnel pendant
autant d'heures qu'il leur conviendra pour augmenter leurs profits.» (*Très bien! très bien ! à l'extrême gauche.*)

Tel est l'état fidèle, la photographie de notre
législation ouvrière

Je ne vous énumererai pas — vous la connaissez
aussi bien que moi — la série des industries qu'un
règlement d'administration publique a mises en
dehors de la loi.

Je me bornerai à constater que cette intermi-
nable liste d'exceptions ne suffit pas à vos inspecteurs et qu'ils arrivent tous avec de nouvelles
industries à y inscrire. Ils ont interrogé pleins
d'angoisses, les employeurs ; les employeurs leur
ont conté leurs misères ; ils en ont été profon-
dément touchés, et ils viennent à vous en vous
disant : « En réalité, ceux qu'il s'agit de protéger,
ce ne sont pas les prolétaires, ce sont ceux qui
les emploient; voilà les véritables victimes au
secours desquelles il est urgent de se porter ».

Et ils vous demandent avec confiance de faire le
plus grand nombre d'heureux possible dans la
classe patronale. *(Applaudissements à l'extrême
gauche)*.

Mais ce n'est pas tout. Comment donc a procédé
l'Etat républicain lorsqu'a été votée la loi de 1874?
L'Etat a dit : « Cette loi qui est mon œuvre, je ne
la reconnais cependant pas ; elle est bonne pour
l'industrie privée, pour toutes les usines ; mais

dans mes ateliers, à moi, la loi ne pénétrera pas :
« Fussiez-vous le Petit Caporal, on ne passe pas ! »
On a fait croiser ....ette devant la loi. Et c'est le
ministre de la guerre, c'est le ministre de la ma-
rine, c'est le ministre de l'industrie, c'est le ministre du commerce qui, par leur circulaire d
20 mars 1877, enlevaient à l'action de la loi, l'Im
primerie nationale, les fabriques d'armes, les ate
liers d'équipements militaires, les manufacture
de tabac et les autres établissements de l'Etat. I
sorte qu'il suffisait d'être employé de l'Etat bou
geois, d'être exploité par l'Etat bourgeois. poi
perdre jusqu'au bénéfice de la légalité bou
geoise.

C'était ainsi que se pratiquait, avant la lettr
ce que disait M. Ribot de l'État patron modèle
il était réellement modèle : modèle de l'insou
mission à la loi, modèle de l'insurrection contre
sa propre loi.

Essayez donc de justifier une pareille attitude
qui s'est d'ailleurs généralisée ! *(Applaudissements*
à l'extrême gauche).

Nous avons vu, en effet, la cour suprême, qui, à
son tour, par un arrêt en date du 17 février 1881,
arrêtait la loi au seuil des ouvroirs et des établissements de bienfaisance, bien que — c'est M. Cor-
bon qui le reconnaît — « dans un but apparent de
charité et de bienfaisance, plusieurs d'entre eux
ne cachent qu'une exploitation regrettable du travail de l'enfance ».

Est-ce tout ? Non. Ceci c'est le passé, c'est l'histoire d'avant-hier. L'histoire d'hier, concernant

non plus la loi de 1874, mais celle de 1892, n'est pas moins lamentable. L'Etat n'est-il pas intervenu encore pour entraver, pour amputer l'action protectrice de la loi ? Cette fois, c'est sur le rapport du comité consultatif des arts et manufactures que le Conseil d'Etat a mis en dehors de toute réglementation, de tout contrôle, les industries de l'alimentation et, par une circulaire du 7 juillet 1894, le ministre du Commerce, M. Lourties, avisait les inspecteurs que les pâtissiers, boulangers, restaurateurs, bouchers, cuisinier charcutiers n'étaient pas soumis à la loi et que s inspecteurs n'auraient, par suite, à exercer au une surveillance sur ces établissements.

Et il y aurait des gens pour s'étonner que, devant un Etat piétinant ainsi sa propre loi, celle-ci fût foulée aux pieds par les industriels privés, par tous les patrons de France ! C'était fatal. (*Très bien ! Très bien ! à l'extrême gauche*).

On a été plus loin. Il s'est trouvé un ministre de la République, — il n'y a pas de cela bien longtemps, c'était l'année dernière, — pour aller làbas, dans l'enfer industriel du Nord, en tournée à Lille, Roubaix. Tourcoing, tenir le langage suivant — oh ! ce n'est pas moi qui me ferai l'interprète de sa pensée, parce qu'on pourrait m'accuser de la dénaturer malgré moi. C'est la chambre syndicale... pardon ! la chambre de commerce, — une chambre syndicale, ça n'aurait pas d'autorité ici, — c'est la chambre de commerce de Tourcoing qui va nous raconter l'entrevue qui a eu lieu entre l'ancien ministre du commerce, M. André Lebon, et les délégués du grand patronat du Nord :

3

« M. le ministre répond qu'il n'y a pas à espérer de faire une nouvelle loi maintenant, mais que des instructions sont données aux inspecteurs du travail pour qu'ils usent d'une grande tolérance (*Applaudissements ironiques à l'extrême gauche)* là où il n'y a pas d'abus et pour qu'ils ferment les yeux dans les industries où le travail ne dépasse pas onze heures par jour. »

Cette violation officielle de la loi par le Gouvernement préposé à son observation, on l'a tentée en Angleterre après la première loi de fabrique, de 1847. Le 5 août 1848, ce n'était pas le ministre du commerce, c'était le ministre de l'Intérieur qui se permit, assailli par les réclamations patronales, d'écrire aux inspecteurs, non pas de fermer les yeux, mais seulement d'appliquer avec modération la loi qui était sortie du Parlement l'année précédente. Et savez-vous quelle a été la réponse des inspecteurs du travail en Angleterre ? La voici :

« Monsieur le ministre, vous n'avez pas de pouvoir dictatorial qui vous permette de suspendre la loi. » (*Applaudissements à l'extrême gauche.)*

Il n'y a, paraît-il, qu'en France, sous la République, où le bon plaisir d'un ministre suffise à supprimer, sur l'injonction des patrons, une loi désagréable aux patrons. (*Nouveaux applaudissements).*

Je n'ai pas besoin de vous dire, en effet, que nos inspecteurs n'ont pas fait à M. Lebon la réponse que les inspecteurs du travail, en Angleterre, avaient faite au ministre de l'intérieur d'alors. On leur avait demandé de fermer les yeux, ils ont fermé les yeux, et l'on peut même dire qu'ils avaient pris les devants, les fermant bien avant l'envoi de la circulaire ministérielle. A ce point de vue, laissez-moi vous mettre en présence d'un fait qui en dit long et qui rentre absolument dans la question que j'ai à traiter aujourd'hui.

Après vous avoir montré la complicité gouvernementale sous sa forme judiciaire, sous sa forme administrative, sous sa forme ministérielle, j'ai maintenant à vous indiquer la complicité de l'inspection du travail telle qu'elle fonctionne — ou ne fonctionne pas — aujourd'hui.

Et, pour cela, je ne puis pas m'adresser aux ouvriers vivants, aux femmes et aux enfants en activité dans les fabriques ; leurs lèvres sont scellées par la peur de perdre le pain quotidien, et lorsqu'ils les ouvrent, c'est pour réciter, toujours sous le coup de la même appréhension, la leçon qui leur a été faite en vue de la venue de l'inspecteur. Ce ne sont donc pas les vivants que j'appellerai en témoignage, ce ne sont pas les vivants qui surgiront à cette barre pour accuser : ce seront les morts. Ils peuvent parler, ceux là, car ils n'ont plus rien à redouter.

Le 14 mars 1894, un petit cadavre était ramassé dans le peignage Alfred Motte et Cie, à Roubaix, Le procès-verbal de l'accident — c'est ainsi que l'on appelle ces meurtres, et c'était le cinquante-troisième depuis le 29 juillet 1893, en moins d'une année ! — portait : « Alphonse Liéneson, quatorze ans et demi ». Il avait été dressé par le commissaire de police du 1er arrondissement, en présence des directeurs Geiger et Caille et de l'inspecteur du travail.

Rien de plus officiel. Sans cependant s'arrêter à cette déclaration, la municipalité socialiste de Roubaix eut l'idée d'aller aux sources. Elle envoya prendre à Thielt, en Belgique, un extrait de l'acte de naissance de l'enfant, et qu'apprit-elle ? Que, né le 6 juillet 1891, Alphonse Liéneson n'avait, le jour où il fut tué, que douze ans, huit mois et huit jours. Or, il travaillait au peignage Motte depuis une année. Il n'avait donc pas douze ans lors de son entrée dans l'usine — qui devait être son tombeau — pendant que la loi de 1892 exige treize années révolues.

Et alors, de deux choses l'une : ou le fonctionnaire préposé à l'observation de cette loi ne s'est pas enquis de l'âge de l'enfant, a négligé de se faire délivrer la seule pièce qui pouvait éclairer sa religion — et c'est l'inspection inutile ; ou, conscient de l'infraction commise, il a fermé les yeux par complaisance pour le patron — et c'est l'inspection complice. Dans les deux cas, c'est l'inspection, telle qu'elle a été organisée par la loi en vigueur, responsable de cet infanticide et jugée. (*Applaudissements à l'extrême gauche.*) Car il n'y a pas à objecter qu'il ne s'agit là que d'un fait isolé sur lequel il est impossible de rien édifier. Cette manière d'inspecter sans voir ou de voir sans inspecter est tellement la règle, que, pour avoir quarante-huit heures après, sous le coup de l'indignation, dénoncé dans une réunion publique cette contravention à la loi poussée, jusqu'au meurtre, j'ai été quelque peu traité de malfaiteur public. C'est moi qui ai été mis sur la selette. Quel était donc ce Huron ? D'où venait ce député, ce législateur qui avait la prétention de sauver la vie des enfants en faisant respecter la loi ? (*Très bien ! très bien ! sur les mêmes bancs.*)

Dans ses usines, M. Alfred Motte a même osé me dénoncer à son personnel comme exploitant les cadavres.

Si vous ne voulez pas qu'on exploite les cada-vres, messieurs les patrons, n'en faites pas. (*Nouveaux applaudissements à l'extrême gauche.*)

Voilà vos inspecteurs ! L'enfant entre à l'usine à onze ans, alors que, même avec le certificat d'études primaires, il n'y aurait dû pénétrer qu'à partir de douze ; et lorsque le cadavre est là, qu'on prend peur, alors, pour le cacher, pour le faire disparaître et se mettre en règle avec la loi, en avant les faux en écritures publiques ! on donne quatorze ans et demi à cet enfant qui avait à peine douze ans quand il est mort. Et à ce faux participent inspecteur, commissaire de police, directeurs, et lorsque ce crime est arrivé jusqu'à vous, — car il ne faudrait pas longtemps chercher dans les cartons du ministère de l'intérieur pour en trouver l'écho, — qu'avez-vous fait ? Rien. Devant ce meurtre commis en dehors de la loi, devant cet enfant assassiné contre les prescriptions légales, vous ne vous êtes pas émus, vous avez couvert inspecteur, couvert commissaire de police, tout couvert. Ce n'était qu'un cadavre ouvrier de plus, et cela ne compte pas ! (*Vifs applaudissements à l'extrême gauche.*)

Mais, est-ce que j'accuse vos inspecteurs? L'inspection ! c'est vous qui avez déterminé l'esprit dans lequel elle devait s'opérer. Ah ! je me rappellerai toujours cette loi de 1874, la première loi à apparence protectrice émanée, sinon de la République de droit, du moins de la République de fait.

Lorsqu'il s'est agi de recruter les fonctionnaires, chargés de veiller à l'observation de la loi, qu'avez-vous décidé? Vous avez expressément voulu qu'en dehors des ingénieurs de l'Etat, qui, malheureusement, ont le plus souvent fait cause commune avec les employeurs, il n'y eût, pour exercer cette fonction de contrôle, que d'anciens patrons, que d'anciens exploiteurs, textuellement des hommes ayant dirigé des ateliers d'au moins cent ouvriers pendant un certain nombre d'années, c'est-à-dire que vous mettiez le respect de votre loi, l'application de votre loi entre les mains de qui? entre les mains de ceux qui ont intérêt à ce que cette loi soit comme si elle n'était pas.

Il y a eu à ce sujet un amendement de M. Alexis Lambert, qui, lui, s'imaginant qu'il s'agissait d'une loi pour de bon, de garanties sérieuses, d'une hygiène du travail à constituer, demandait qu'on introduisît au moins des docteurs en médecine dans le personnel inspectant. Il proposait d'y admettre, non pas même toute espèce de médecins — quelques-uns pouvaient, dès cette époque, être atteints du bacille socialiste, — mais les anciens majors ou aides-majors de l'armée. Ceux-là ne sauraient être suspects soit de sensibilité exagérée, soit d'indépendance transcendante. Mais ce n'étaient pas des patrons, et cela a suffi à l'Assemblée de 1874 pour les écarter résolument de l'inspection.

Que faisait-elle par cette exclusion ? Elle marquait clairement que ce qu'elle voulait, c'était une apparence de loi, une façade d'amélioration, derrière laquelle la consommation de la chair ouvrière resterait aussi illimitée que par le passé. Il s'agissait purement et simplement de poudre électorale à jeter dans les yeux de la France ouvrière, qui n'était pas alors arrivée au degré de conscience d'aujourd'hui.

Eh bien! les inspecteurs de l'heure présente ont continué la tradition des inspecteurs d'antan ; ils ont trouvé cet esprit patronal que le législateur lui-même avait introduit dans sa loi, et ils en ont été plus respectueux que de cette dernière.

Relisez leurs rapports, et vous verrez qu'il ne sont, depuis le premier jusqu'au dernier, que des avocats d'office désignés par le pouvoir pour faire acquitter les insoumis du patronat et faire condamner la loi comme inapplicable.

Ils vont plus loin, comme je vous le disais tout à l'heure : ils se font eux-mêmes législateurs et ne craignent pas de dire : Il faut supprimer telle disposition trop protectrice, il faut accorder le travail de nuit à telle ou telle catégorie d'employeurs. Ce sont eux qui, usurpant votre mandat, constituent la véritable Chambre des députés, rédigent à l'avance, au nom des capitalistes qui les inspirent, la loi que vous n'aurez plus qu'à ratifier. Voilà le rôle qui vous est assigné.

Les actes valent les paroles. C'est ainsi que le rapport général de la commission supérieure du travail mentionne, pour toute la France et pour toute l'année 1894, 704 procès-verbaux. Or, dans une seule circonscription — il y en a 11 en France — savez-vous à quel chiffre se sont élevées les contraventions relevées, avouées par votre inspecteur divisionnaire ? Pour la 5° circonscription, on en a compté 10.353, et nous n'avons là qu'une partie des sections ; la 2° manque, ainsi que la 8°. En multipliant 10,353 par onze, nous arrivons pour la France entière à plus de 100.000 infractions. Que penser alors des 704 procès-verbaux ?

M. Henri Boucher, *ministre du commerce, de l'industrie, des postes et des télégraphes.* — Vous vous méprenez, de la meilleure foi du monde, j'en suis persuadé. Vos chiffres ne sont pas exacts.

Jules Guesde. — Je lis : Infractions dans la 5° circonscription. Enfants : 1° section, 521 ; 2° section, 276 ; 4° section, 2,725 ; 5° section, 3,520 ; 7° section, 1,137. Femmes : 1° section, 348 ; 3°, 12 ; 4°, 66 ; 5°, 1,343 ; 8°, 232. Hommes : 2° section, 67 ; 4°, 69 ; 5°, 32.

M. le ministre du commerce. — La totalité des contraventions en 1895 est de 10,635, relevées par 1,332 procès-verbaux. Mais ces chiffres intéressent la France entière et non une seule circonscription, comme vous le pensez.

Jules Guesde. — Je vous ai donné les chiffres officiels publiés par vous. Si vos statistiques sont fausses, refaites-les, mais j'ai le droit de m'appuyer sur elles.

M. le ministre du commerce. — Vous les avez mal lues.

Jules Guesde. — Je sais lire, monsieur, et les chiffres que j'ai apportés à la tribune et que je maintiens m'ont été, je le répète, fournis par vous-même.

M. le ministre du commerce. — Un seul procès-verbal relève un certain nombre de contraventions, parce que le procès-verbal vise l'industriel dont on a visité l'établissement, et il y a autant de contraventions que de faits délictueux.

Jules Guesde. — Comment ! toutes les infractions ne sont pas des délits ? J'ai entendu votre observation, et je demande si, oui ou non, là où il y a infraction, il y a délit. Que si, au contraire, enfreindre la loi n'est pas délictueux, j'aurai le droit de m'étonner que vous ayez même 700 procès-verbaux ; vous ne devriez en avoir aucun.

Vos 704 contraventions, qui ont donné lieu à 590 condamnations, se sont traduites au total par 23.336 francs d'amende, ce qui, pour les 100.000 infractions que j'ai établies tout à l'heure, porte le châtiment ou le prix de chaque infraction à moins de 25 centimes (*Applaudissements à l'extrême gauche.*)

A ce taux-là, vos lois, — celles d'hier, celles de demain, celles d'après-demain — seront éternellement violées.

Il y a là une question de « doit et avoir », une question de comptabilité ; et tant que les employeurs, qui savent calculer, auront plus d'intérêts à contrevenir à la loi qu'à la respecter, ils persisteront dans la voie factieuse où ils se sont engagés. Vous n'en finirez avec les atteintes portées à la loi qu'autant qu'il coûtera plus cher à la violer qu'à l'observer. (*Très bien ! très bien ! sur les mêmes bancs.*)

C'est là la base même, la base essentielle d'une législation qui voudrait réellement, efficacement protéger le travail.

M Charles Ferry. — La pénalité augmente en cas de récidive !

Jaurès. — Mais elle est comptée dans les 23,000 francs, la récidive !

Jules Guesde. — Je vous ai donné la totalité, récidive comprise, des peines prononcées en 1894 : c'est 23,000 francs, vous l'entendez bien.

M. Charles Ferry. — Y a-t-il eu des récidives ?

Jaurès. — On vous dit que la moyenne, récidive comprise, est de 5 sous.

Gustave Rouanet. — Ce n'est pas cher !

Faberot. — Les patrons ont une caisse d'assurances.

Jules Guesde. — Ils n'en ont même pas besoin ; la caisse du moindre patron suffirait à un total d'amendes aussi ridicule. 23.000 francs pour violer pendant une année tous les articles de la loi, il n'y a pas un industriel en France qui ne s'abon-

nàt à un pareil régime. et à plus forte raison la
totalité des patrons. (*Réclamations à droite.*)

Ce n'est pas seulement votre mode d'inspection,
ce n'est pas seulement votre façon particulière de
recruter les inspecteurs qui entraînent l'annula-
tion de la loi. C'est en même temps la juridiction
devant laquelle vous envoyez les rebelles du patronat : le tribunal de simple police. (*Mouvements
divers.*)

Je me rappelle qu'en 1892, lorsqu'il s'est agi de
la juridiction à établir et des peines à édicter, on a
insisté dans cette Chambre pour que les condamnations prononcées ne figurassent pas au casier
judiciaire. Alors que nos amis de ce côté (*l'extrême
gauche*) faisaient remarquer que même les contraventions pour délits de chasse y étaient portées, il
s'est trouvé un d'entre vous, un des membres de
la droite, — pour ne pas le nommer, M. de Maillé,
— qui s'est écrié, en manière de protestation — ce
sont ses propres expressions : — « Il n'y a pas de
rapport entre les deux espèces ! »

Non, un lapin tué en période défendue, un lièvre
abattu sans permis de chasse, cela doit figurer au
casier judiciaire ; mais des femmes, des enfants
torturés contre la loi dans les ateliers capitalistes
pour en extraire du profit, pour s'en faire des ren-
tes, ne sauraient être assimilés à de pareils délits
et entraîner la même tache infamante. (*Applaudissements à l'extrême gauche. — Protestations à
droite*).

M. le Président. — Ce n'est pas là évidem-
ment ce qu'a voulu dire notre ancien collègue,

dont la bienveillance était unanimement reconnue. (*Très bien ! très bien !*)

Jules Guesde. — Je cite les paroles, et j'ai cité le nom parce que j'ai pour habitude, lorsque je m'attaque à quelqu'un, de le faire en face, en prenant la responsabilité de mon acte.

Mais ce que je voulais établir, ce n'est pas cela.

Je vous ai indiqué comment, à mon avis, le tribunal de simple police ne pouvait pas, dans les conditions actuelles, garantir l'exécution de votre loi, qu'il faudrait au moins, puisqu'il y a des intérêts ouvriers à sauvegarder, que les ouvriers fussent représentés parmi les juges appelés à juger des infractions commises aux quelques lois votées en leur faveur.

D'un autre côté, les pénalités, que sont-elles ? Dans la loi, il est question d'amendes de 12 à 15 fr., mais dans la réalité — ce sont encore vos inspecteurs qui me l'ont appris — ces 12 à 15 fr, sont le plus souvent réduits à 1 fr. ou 2. Et c'est avec des peines de ce genre que l'on aurait la prétention de barrer la route à la passion patronale du dividende ou du profit ? Vous n'y songez pas.

CE QU'ELLES DEVRAIENT ÊTRE

Ce que je vous demanderai donc, lorsque nous en viendrons aux articles de la loi, c'est, d'une part, de composer, sur la base de l'élection, votre personnel inspecteur ; car, on ne le dira jamais assez, si vous voulez faire de vos lois des réalités vivantes, il faut que vous appeliez, comme vous l'avez fait déjà pour ceux de la mine, ouvriers et ouvrières de tous métiers, à nommer eux-mêmes, à élire eux-mêmes les fonctionnaires chargés de la garde de la loi.

Vous avez organisé, il y a quelques années, le suffrage corporatif des mineurs ; vous les avez ainsi investis du soin de leur propre sécurité. Je vous demanderai de ne pas être, sur ce point, au dessous de la Chambre qui vous a précédés. Je vous demanderai d'étendre aux différentes catégories de travailleurs employés dans l'industrie française ce qui existe pour une partie d'entre eux, les ouvriers du sous-sol.

Je vous demanderai, d'un autre côté, de créer une juridiction spéciale, soit un conseil des prud'hommes, soit tout autre tribunal dans lequel seront représentés et les patrons contre lesquels la loi est dirigée et les ouvriers au profit desquels elle est faite.

Je vous demanderai enfin, non pas de nouvelles

pénalités, mais la suppression de toutes les pénalités spéciales auxquelles on a eu recours jusqu'ici,
pour en revenir — vous allez dire que je suis bien
exigeant — au simple code pénal.

J'ai cru pendant un temps — je ne le crois plus
aujourd'hui ; il y a même longtemps que j'ai cessé
de le croire — que le code pénal existait, devait
exister pour tout le monde. Dans tout le monde,
paraît-il, ne sont pas compris les patrons.

N'existe-t-il pas en effet un article qui prévoit
et qui punit la séquestration arbitraire? (*Exclamations sur divers bancs.*) La séquestration arbitraire,
mais elle se commet dans toutes les usines où l'on
garde, malgré elles, quatorze, seize, dix-huit, vingt
heures, les ouvrières que la loi ne permet d'employer que dix ou onze heures. N'est-ce pas là de
la séquestration arbitraire au premier chef? (*Mouvements divers*).

Non, dites-vous? Alors nous allons revenir
sur les conquêtes de «la grande Révolution». (*Très
bien! très bien! à l'extrême gauche.*) L'égalité devant le code pénal, du moment qu'il s'agit de
l'appliquer aux employeurs, va devenir une
monstruosité collectiviste et révolutionnaire! Sur
ce point encore voudriez-vous renier l'œuvre des
grands bourgeois d'autrefois, en mettant hors du
code pénal la classe capitaliste?

L'article du code pénal auquel je fais allusion
est, si je ne me trompe, l'article 341. Mais ce que
je sais, ce dont je suis sûr, c'est que, du jour où
vous aurez traité comme séquestration arbitraire
ce qui constitue la plus arbitraire des séquestra-

tions... (*Exclamations au centre et à droite. — Très bien! très bien! à l'extrême gauche.*) Mais vos inspecteurs le reconnaissent. L'inspecteur de la 11e circonscription rapporte que dans deux ateliers de dévidage de Lyon, lorsque les ouvrières sont entrées, les portes sont fermées à double tour, pour ne se rouvrir qu'après que la patronne a pu leur imposer plus d'heures de travail que la loi ne le permet. Et ce ne seraient pas là des séquestrations arbitraires? (*Applaudissements à l'extrême gauche.*)

Lorsque nous passerons à la discussion des articles, je vous mettrai en demeure de décider que le code pénal est fait aussi bien pour les millionnaires, pour les capitalistes, pour les patrons, que pour les petits, pour les pauvres et pour les meurt-de-faim, et si vous repoussez ma proposition je vous en laisserai la responsabilité devant le pays, qui jugera entre vous et entre nous. — (*Nouveaux applaudissements sur divers bancs.*)

Je vous ai indiqué en quelques mots les conditions auxquelles pourrait seulement être établie une véritable protection du travail par voie légale : élection des inspecteurs, tribunal composé par moitié des intéressés à titres divers, que cette loi soit contre eux, ou qu'elle soit pour eux.

Je vous ai indiqué, d'un autre côté, que, sans créer des pénalités nouvelles, en vous en tenant aux pénalités ordinaires, au code pénal pour tout le monde, vous aviez la possibilité, du jour au len-

demain, de mettre votre loi à l'abri de tout atten-
tat. Nous verrons quel accueil vous ferez à ces
trois bases fondamentales d'une réglementation
efficace du travail.

Ceci, c'est le mécanisme de la législation, sa
sanction, ce sont les organes qui lui permettront
d'être. Il s'agit maintenant de déterminer ce que
nous mettrons dans la loi.

Pour ma part, ce que je réclamerai tout d'a-
bord, c'est l'interdiction, désormais certaine
d'être observée, du travail industriel pour les
enfants au-dessous de quatorze ans, et cela sans
aucune exception, qu'elle vienne de vos règlements d'administration publique ou qu'elle soit
tolérée par vos inspecteurs.

Il s'agira d'établir là une barrière, et une barrière fixe, par-dessus laquelle personne et sous
aucun prétexte ne puisse sauter. Cette limite-là
existe en Allemagne pour la sauvegarde de l'enfance ouvrière allemande. C'est sous le régime
de Guillaume, de l'empereur knouto-germanique,
que cette prescription a pu être édictée et observée. Et je dis que vous ne pouvez pas déshonorer
la République française en la faisant plus impi-
toyable à l'enfance ouvrière qu'on ne l'est de
l'autre côté des Vosges, et moins ménagère des
forces vives du pays, de l'avenir de la patrie.(*Mouvements divers*).

Vous en parlez sans cesse, de la patrie; commencez donc par lui assurer des réserves. (*Applaudissements à l'extrême gauche*); commencez
donc par lui préparer des hommes robustes, des

défenseurs capables, à un moment donné, de
faire contre une nouvelle Sainte-Alliance capitaliste ce qu'elle a fait, ce qu'elle a pu faire en
1792 et en 1793 contre la Sainte-Alliance des rois
et des empereurs de l'ancien régime. Donnez-
nous une génération ouvrière, puissante par le
cerveau et par les muscles, capable de faire
pencher le plateau de la balance du côté de notre
France, révolutionnaire hier, et condamnée à le
redevenir demain, si elle veut être. (*Nouveaux applaudissements à l'extrême gauche*).

Il nous faudra encore la journée de huit heures.
Si je l'introduis par la porte de cette loi, ce n'est
pas que j'aie choisi le terrain sur lequel je plante
ce drapeau des revendications ouvrières du
monde entier ; c'est vous qui m'y avez obligé,
c'est votre commission du travail qui, à son tour.
m'en fait un devoir.

Il y a deux ans, lorsque j'ai réclamé l'urgence
sur cette question qui passionne, que vous le
vouliez ou non, les prolétaires de partout, vous
ne vous êtes opposés à cette urgence que par
crainte qu'elle ne fût interprétée comme un ac-
quiescement.

Mais vous avez décidé par un vote unanime
que ma proposition de loi devait être rapportée
au plus tôt, et M. Barthou, alors simple député,
aujourd'hui ministre, était le premier à insister
pour qu'on ne retardât pas le grand débat sur
cette question qu'il déclarait indispensable, y
voyant, lui, la fin de ce qu'il appelait une manœuvre socialiste, pendant que nous, socialistes,

nous y voyons le triomphe certain d'une idée aussi féconde que pratique, inscrite depuis longtemps au programme des ouvriers des deux mondes. Dans tous les cas, ce débat vous nous le devez, vous nous l'avez promis, et je vous donne rendez-vous à l'article 3 de la loi en discussion. Laissez-moi croire que personne ici ne voudra s'y dérober et que ce jour-là la Chambre tiendra à donner au débat toute l'ampleur qu'il comporte. (*Très bien! très bien! à l'extrême gauche.*)

Je demanderai que le repos hebdomadaire soit obligatoirement porté, et sans interruption, à trente-six heures, de façon à assurer réellement la réparation indispensable des forces humaines, non seulement des forces de la femme ou des forces de l'enfant, mais des forces de l'homme adulte. — Ce repos ininterrompu de trente-six heures par semaine existe en Angleterre. Il n'a pas nui à l'industrie anglaise, car c'est encore elle qui domine, sans conteste, sur le marché mondial. En vous demandant, après une expérience aussi longue et aussi concluante, de vous soumettre à une prescription dont on a pu apprécier les conséquences heureuses, je crois ne pas exiger d'une Chambre républicaine plus qu'elle ne peut et qu'elle ne doit donner.

Je vous demanderai ensuite l'interdiction du travail, mais avec maintien de salaire, à toutes les femmes employées dans l'industrie un mois avant et un mois après leurs couches. Il s'agit de permettre à la femme d'accomplir sa fonction, auguste entre toutes, de reproductrice de l'es-

pèce. (*Très bien! très bien!* à *l'extrême gauche*).
Vous voudrez, je n'en doute pas, la placer dans
les conditions nécessaires à la permanence, à
l'immortalité de la patrie. (*Applaudissements à
l'extrême gauche.*)

Je vous demanderai enfin d'interdire toutes
pratiques religieuses à l'intérieur des établissements visés par la loi. (*Mouvements divers*) Nous
verrons, messieurs! Autrefois, dans une heure de
républicanisme, que vous regrettez peut-être,
vous vous êtes décidés à laïciser l'école, nous
verrons si vous oserez vous refuser à laïciser
l'atelier (*Très bien! très bien!* à *l'extrême gauche*),
s'il se trouvera une majorité pour imposer à une
classe infériorisée, à la classe exploitée, le Dieu
dont vous ne vouliez plus pour vous-mêmes. (*Très
bien! très bien! sur divers bancs.*)

Nous verrons si vous aurez le courage d'affir-
mer qu'inutile pour les capitalistes, une religion
est nécessaire pour le peuple ouvrier. Nous vous
attendons à cette question que vous ne pourrez
pas écarter Nous scruterons ainsi vos reins ; nous
saurons si l'esprit nouveau a déjà suffisamment
soufflé sur vous pour que vous, les hommes de la
loi laïque, de l'école laïque, de l'hospice laïque,
qui avez failli, à un moment, couper le lien qui
unit l'Etat à l'Eglise, vous en soyez à vouloir
souder obligatoirement et définitivement, en
piétinant la liberté de conscience ouvrière,
l'église et l'atelier. (*Très bien! très bien! à l'extrême
gauche. — Interruptions sur divers bancs.*)

Voilà ce que je vous demanderai, voilà les

points sur lesquels, au fur et à mesure de la discussion des articles, mes amis et moi nous appellerons l'attention de la Chambre et nous solliciterons son vote.

Un membre à droite. Alors, nous n'avons pas fini !

Jules Guesde. — On me dit : « Nous n'avons pas fini ! » Il y a actuellement dans le pays des masses qui se plaignent, elles, et avec raison, que l'on n'ait pas encore commencé (*Applaudissements à l'extrême gauche*).

Elles trouvent qu'on leur a jusqu'à présent donné à manger dans une assiette vide. (*Très bien ! à l'extrême gauche*).

Elles trouvent que la loi dont vous avez prétendu les doter, n'est qu'une manœuvre électorale, le gâteau jeté dans la gueule de Cerbère pour l'empêcher d'aboyer et de mordre. (*Mouvements divers.*)

Elles exigent que l'on fasse pour elles quelque chose, mais quelque chose qui ne soit pas un simple trompe-l'œil. Elles ne demandent pas qu'à l'aide d'une baguette magique, que vous n'avez pas et que nous ne possédons pas plus que vous, vous transformiez la société d'aujourd'hui, société d'iniquités et de violences, en une société de justice, de bien-être et de liberté pour tous; cela, nous ne vous l'avons jamais demandé, et nous ne vous le demanderons jamais ; ce sera l'œuvre et ce ne peut être que l'œuvre du peuple ouvrier et paysan, s'accomplissant en dehors de vous, car les assemblées ne sont que des

chambres d'enregistrement; ce n'est que quand
une révolution est faite, qu'elles arrivent et la
consacrent par des lois; elles n'ont jamais eu
l'initiative révolutionnaire, pas plus la grande
Constituante de 1789, que les constituantes nouvelles que vous pourriez réunir demain.

Oui! vous n'êtes que des enregistreurs! Mais
ce qu'aura voulu la nation, ce qu'auront voulu
tous ceux qui produisent, ce qu'aura voulu le
parti socialiste, englobant non seulement les ouvriers, mais les paysans, les employés, les petits
commerçants et, par dessus tout, le monde de la
science, ce qu'aura voulu ce grand parti du travail, il faudra bien le laisser passer et lui faire
place.

Nous ne vous demandons rien de tout cela aujourd'hui. C'est notre tâche, c'est notre mission
historique; ce pourra être demain notre péril.
Mais ce que nous avons le droit d'exiger, c'est
que vous soyez fidèles à vos propres engage-
ments, c'est que, quand vous avez promis d'in-
tervenir dans l'usine pour la protection, le salut
de la femme et de l'enfant, vous ne jouiez pas
un double jeu, en reprenant d'une main ce que
vous accordez de l'autre.

Nous ne voulons plus de ces mystifications et
le peuple n'en veut pas plus que nous! (*Applaudissements à l'extrême gauche*).

(*Séance du 15 juin 1896*).

M. le président. MM. Jules Guesde, Chauvin,
Carnaud, Jourde, Couturier proposent l'âge de

quatorze ans pour l'admission des enfants dans les usines.

Voix diverses. C'est de la modération ! C'est de l'opportunisme !

M. le président. La parole est à M. Jules Guesde.

Jules Guesde. Messieurs on me félicite d'être modéré. Je n'accepte pas le compliment, qui porte à faux, puisque j'ai voté l'amendement de mon ami Vaillant

Si je viens vous demander, non plus de porter à seize ans, — vous venez de repousser ce que je considère, moi aussi, comme une nécessité d'ordre national et d'ordre humain ; — si je viens vous demander de porter à quatorze ans l'âge d'admission dans l'usine, l'âge d'industrialisation de l'enfance, c'est que, quoi que nous fassions, hélas ! vous allez très certainement faire ce qui n a encore été fait dans aucun Parlement d'Europe, vous allez revenir sur la journée légale de travail, non pas pour la réduire, mais pour l'accroître. La Chambre de 1892 l'avait limitée pour l'enfant à dix heures, et vous êtes en train, sur l'injonction du Sénat, de l'augmenter d'une heure en la portant à onze.

Je dis que, dans de pareilles conditions, vous ne pouvez pas maintenir l'âge de treize ans. Puisque vous allez surcharger les épaules enfantines, il faut que vous demandiez des ouvriers, des enfants plus âgés, plus capables de résister au surtravail dont ils sont menacés. Mon amendement, il est né du recul que vous allez faire

faire à vos lois de protection. Dix heures de travail, treize ans révolus pour entrer dans l'usine
onze heures de travail, quatorze ans.

M. le Rapporteur. Alors, vous acceptez la
loi ?

Jules Guesde. — Oh ! mon cher collègue,
vous savez quels efforts je ferai, — comme vous,
d'ailleurs je l'espère, — pour empêcher ce que je
considère comme un véritable crime de lèse-
humanité : la journée de onze heures substituée
à la journée de dix heures établie par la loi (*Très
bien à l'extrême-gauche).*

Mais, depuis quelques jours que la discussion a
commencé, nous sentons tous, hélas ! que nous
sommes des vaincus, vous et nous, et que finale-
ment il se trouvera une majorité pour faire, je le
répète, ce qui ne s'est vu dans aucune Assemblée
européenne, à savoir : revenir sur la limitation
de la journée de travail, augmenter la somme de
labeur qu'il est légalement permis d'extraire de
l'organisme humain, de l'organisme enfantin.

Je suis donc obligé de tenir compte du danger
qui nous menace, de cette liberté nouvelle qui va
être apportée, non pas à l'humanité souffrante,
mais à l'humanité exploitante.

Dans ces circonstances, je dis que l'âge de quatorze ans s'impose. Il s'impose d'autre part encore
parce qu'il est déjà l'âge légal au-delà de notre
frontière des Vosges, le minimum d'âge fixé pour
l'industrialisation de l'enfance ouvrière allemande
et que toujours nous serons obligés de vous rap-
peler la honte qui rejaillirait sur la République

française si elle devenait moins protectrice que l'empire, que le césarisme allemand.

Pour l honneur de la République, que vous voudrez sauvegarder, cet âge de quatorze ans qui a été adopté en Allemagne, doit l'être également en France. Tous les ans, les Conseils de révision vous crient cette nécessité de reculer l'âge d'admission dans les usines. Ils constatent le dépérissement de la race ; ils constatent que pour avoir servi trop tôt à créer des profits à une minorité dans la nation, les enfants de France sont de moins en moins en état de défendre le sol de France et la République française, s'ils venaient jamais à être attaqués.

Et je viens vous dire : vous ne pouvez pas, une fois de plus, sacrifier les intérêts généraux à des intérêts particuliers, sacrifier l'intérêt national, l'intérêt de la Patrie, à l'intérêt capitaliste, à l'intérêt d'une classe. (*Applaudissements à l'extrême-gauche.*)

C'est pourquoi je veux encore me faire l'illusion de croire que vous allez voter l'âge de quatorze ans.

D'ailleurs, dans toutes les questions, que ce soient des questions d'industrie, de commerce ou de finances, vous vous en rapportez dans une certaine mesure aux hommes compétents, aux industriels, aux commerçants, aux financiers eux-mêmes ; vous ouvrez parmi eux des enquêtes. Or, l'enquête sur la question en discussion, elle a été faite — et parfaite — dans tous les congrès ouvriers depuis vingt-cinq ans.

Depuis vingt-cinq ans, il ne s'est pas tenu un congrès en France — congrès de chambres syndicales, congrès d'ouvriers socialistes, congrès régional, congrès national, congrès international, — dans lequel cette limite d'âge de quatorze ans n'ait été réclamée d'une seule voix. C'est là le vœu, la volonté, la revendication qui a été formulée par le prolétariat français, par le prolétariat européen, lorsque le prolétariat européen tenait ses assises soit à Paris, soit à Bruxelles, soit à Zürich.

Il serait bon de prendre en considération cette réclamation unanime des travailleurs, lorsqu'ils demandent pour ainsi dire qu'on les protège contre eux-mêmes. Ne voyez-vous pas, en effet, ce père de famille obligé aujourd'hui de laisser aller son enfant à l'usine parce que la famille a faim, parce que le travail de l'enfant — cela suffirait à juger et à condamner une civilisation — est nécessaire à la vie du père, à la vie de la mère! *(Très bien! très bien! à l'extrême gauche).*

Quand ils viennent vous demander de les protéger contre eux-mêmes, contre cette nécessité économique qui pèse sur eux : d'être obligés de laisser tuer leur enfant pour ne pas mourir eux-mêmes, je dis que vous ne sauriez fermer l'oreille à une pareille revendication. L'amendement que j'ai déposé, je vous demande de l'inscrire dans la loi ; je vous ai dit pour quelles multiples raisons. Je crois qu'on ne peut opposer aucune espèce d'objection, et je compte que la Chambre voudra,

— ne fut-ce qu'une fois par hasard — donner satis-
faction au prolétariat et à une des réclamations
les plus énergiquement formulées dans tous ses
Congrès. *(Applaudissements à l'extrême-gauche)*.

M. le Président. — Je mets aux voix l'amendement de M. Guesde qui consiste à substituer l'âge
de quatorze ans à celui de reize ans. Il y a une
demande de scrutin.

J'ai reçu une demande de scrutin signée de
MM. Walter, Vaillant, Rouanet, Jules Guesde,
Vaux, Turigny, Lamendin, Desfarges, Defontaine,
Compayré, Chauvin, Carnaud, Basly, Clovis
Hugues, Couturier, Franconie, Sembat, Labussière
etc.

Le scrutin est ouvert.

(Les votes sont recueillis. — Messieurs les secré-
taires en font le dépouillement.)

M. le président. — Voici le résultat du dépouillement du scrutin :

Nombre des votants.	513
Majorité absolue.	257
Pour l'adoption . . . 160	
Contre. 353	

La Chambre des députés n'a pas adopté.

(Séance du 22 juin).

M. le Président. Le premier amendement est
signé de MM. Jules Guesde, René Chauvin, Carnaud, Jourde et Couturier. Il est ainsi conçu :

« Rédiger ainsi l'article :

« Il est interdit de faire travailler plus de huit
heures par jour et plus de six jours par semaine

dans les mines, manufactures, usines, chemins de fer, chantiers et magasins.

« Pour les usines à feu continu ou tout autre travail ne comportant pas d'interruption, il y aura lieu de constituer des équipes en nombre suffisant, de façon qu'aucune ne soit astreinte à fournir plus de quarante-huit heures par semaines. »

La parole est à M. Guesde.

. . . .

Jules Guesde. J'en ai fini avec ce que j'ai appelé au début l'interpellation, et j'arrive à mon amendement. (*Ah! ah! au centre.*) Je vous demande pardon, mais ce n'est pas moi qui l'ai oublié, c'est la Chambre qui l'a laissé oublier à d'autres. Personnellement, j'ai toujours, quand j'ai demandé la parole sur une question, traité cette question, et rien que cette question.

Avec mes amis, j'ai demandé qu'on réduise à huit heures la journée de travail pour les adultes comme pour les femmes et les enfants. Si j'ai déposé cet amendement, ce n'est pas, quoi qu'on vous ait dit, qu'il constitue non pas même la réforme socialiste par excellence, mais une réforme socialiste. Le socialisme n'a rien à voir avec la journée de huit heures. Je pourrais même la qualifier de simple réforme capitaliste.

Un membre. — Alors, nous allons voter contre.

Jules Guesde. Vous êtes libre de ne pas comprendre les intérêts de votre classe et de votre société ; cela vous regarde, mais les capitalistes intelligents...

A droite, ironiquement. Il n'y en a pas !

Jules Guesde. ... conscients de la situation actuelle de l'industrie, voteront la réduction de la journée de travail que nous vous demandons. (*Interruptions au centre. — Réclamations à l'extrême gauche*).

Je suis très tolérant en matière d'interruptions, mais quand elles ne sont pas correctes, tant pis pour les interrupteurs, elles ne m'atteignent pas. (*Très bien ! très bien ! à l'extrême-gauche.*)

Je disais que cette réforme que M. Deschanel, avant hier, vous présentait comme étant la première des réformes socialistes n'avait rien à faire avec le socialisme. C'est une réforme qui est d'intérêt général dans la société actuelle ; elle est d'intérêt ouvrier, mais elle est également d'intérêt patronal ; elle est enfin d'intérêt national et social. Voilà l'importance de cette revendication qui n'est pas née d'hier et qui n'a pas besoin par suite, comme le voulait M. Deschanel, d'être renvoyée pour études à une série de congrès nationaux et internationaux prochains. Nationaux et internationaux, des congrès se sont tenus depuis 1866, et dans tous il y a eu unanimité sur cette question de la journée de huit heures. C'est en 1866, pour la première fois, qu'au congrès de l'association internationale des travailleurs réunie à Genève, la journée de huit heures est devenue la revendication des prolétaires de toute l'Europe. De Genève les huit heures sont passées en Australie, et là, elles n'ont plus seulement été revendiquées, elles ont été réalisées.

M. Aynard Elles ont ruiné le pays.

Jules Guesde. La journée de huit heures existe depuis des années, et l'industrie australienne est si peu ruinée qu'elle tient tête victorieusement à toutes les concurrences. La meilleure preuve que la journée de huit heures n'a pas ruiné le pays, c'est qu'après l'avoir inscrite dans la loi, on l'y a maintenue. Il n'a jamais été question de revenir sur cette loi, comme on demande actuellement à la Chambre de revenir sur la journée de dix heures votée en 1892 pour les enfants.

D'Australie, elle a gagné les Etats-Unis où elle fait partie intégrante du code fédéral.

Combien de fois vous a-t-on dit — mais en négligeant de le démontrer — que la journée de huit heures, c'était un saut dans l'inconnu ? Je voudrais établir pour ceux de nos collègues qui auraient pu ajouter foi aux paroles de M. Deschanel, que si saut dans l'inconnu il y a, ce saut a été fait depuis longtemps, et que, partout où on l'a fait, on s'en est fort bien trouvé.

Voici le texte de la loi fédérale qui a institué la journée de huit heures dans tous les établissements du gouvernement de la République américaine :

« Article premier. — La journée du travail est fixée à huit heures pour tous les journaliers, ouvriers et artisans que le gouvernement des Etats-Unis ou le district de Colombie occupent aujourd'hui ou occuperont plus tard. Il n'est exceptionnellement permis de travailler plus de huit heures par jour que dans des cas absolument urgents, qui peuvent se présenter en temps de guerre ou lorsqu'il est nécessaire de protéger la propriété ou la vie humaine. Toutefois, dans ces cas-là, le travail supplémentaire doit être payé en prenant pour base le salaire de la journée de huit heures. Celui-ci ne pourra jamais être inférieur au salaire que l'on paye habituellement dans la contrée. Les journaliers, ouvriers et artisans occupés par des contractants ou des sous-contractants de travaux pour le compte du gouvernement des Etats-Unis ou du district de Colombie sont regardés comme des employés du gouvernement des Etats-Unis ou du district de Colombie. Les fonctionnaires de l'Etat qui ont des payements à faire pour le compte du gouvernement aux contractants ou aux sous-contractants doivent, avant de payer, s'assurer que les contractants ou les sous-contractants ont satisfait à leurs obligations vis-à-vis de leurs ouvriers ; toutefois, le gouvernement n'est pas responsable du salaire des ouvriers. »

Ainsi la loi ne s'applique pas seulement aux ateliers fédéraux ; c'est pour tous les travaux, directement exécutés par l'Etat ou soumissionné ·. donnés en adjudication, que la journée de huit heures est devenue la loi aux Etats-Unis.

M. Aymard. Pour l'Etat !

Jules Guesde. Oui, pour tous les travaux de l'Etat !

M. Schneider. Proposez-la pour les manufactures nationales !

Jules Guesde. Nous l'avons demandée, on

nous l'a refusée ; et on la refuserait encore, qui sait ?

« Art. 2. — Tous les contrats qui seront conclus dorénavant par le gouvernement des Etats-Unis ou pour son compte (ou pour le district de Colombie ou pour son compte) avec une corporation ou une personne quelconque pour la fourniture d'un travail quelconque, seront basés sur la journée de huit heures, et tout contractant qui demanderait ou permettrait à ses ouvriers de travailler plus de huit heures par jour serait en contravention avec la loi, à moins que ce soit dans les cas de force majeure prévus à l'article 1er ci-dessus.

« Art. 3. — Ceux qui contreviennent sciemment à cette prescription sont passibles d'une amende de 50 à 1,000 dollars ou d'un emprisonnement pouvant aller jusqu'à six mois, ou des deux peines cumulées. »

Voilà comment la loi des huit heures fonctionne aux Etats-Unis depuis plus de vingt années pour tous les travaux dépendant directement ou indirectement du gouvernement fédéral.

Mais cette journée de huit heures que je vous ai montrée en vigueur en Australie pour les travaux privés, et aux Etats-Unis pour les travaux publics, cette réduction de la journée de travail, je la trouve encore appliquée ailleurs, non plus par l'Etat, non plus au nom de la loi, mais par des patrons que le seul souci de leur propre intérêt a amenés d'eux-mêmes à la réforme que nous attendons de vous.

En Angleterre, vous savez tous les résultats de

l'expérience tentée sur cette base des huit heures par les constructeurs en fer de Manchester, MM. Mather et Platt. Ils ont été si concluants que, communiqués aux directeurs des principaux départements de l'Etat, ils ont amené à adopter le système des quarante-huit heures de travail hebdomadaires pour l'arsenal militaire de Woolwich, les docks, les fabriques de produits chimiques, etc.

Comme vous le voyez, cette réforme que l'on vous présentait, il y a deux jours, comme étant tellement en dehors des réalités économiques que l'on ne pouvait sans sacrifier, sans suicider l'industrie, l'aborder dans cette Chambre, cette réforme s'est imposée et s'impose de plus en plus dans les pays les plus divers, sous la forme légale ou sous la forme privée.

Mais pouvait-il en être autrement? Est-ce qu'il était possible d'admettre que les puissances de production allaient se multiplier à l'infini sans qu'il résultât de cette mise au travail du bois, du fer, de l'acier, une diminution nécessaire du travail pour l'outillage de chair et d'os qu'avaient été et que sont encore l'homme, la femme et l'enfant prolétaires? Est-ce que le corollaire indispensable du progrès industriel, des forces productives nouvelles, découvertes et appliquées, ne devait pas être des loisirs pour l'humanité laborieuse? Est-ce que la réduction de la journée de travail ne devait pas sortir comme une heureuse et inéluctable conclusion du développement inouï du machinisme?

Ah! les travailleurs ont été mieux inspirés, plus clairvoyants; ils se sont mieux rendu compte de ce qui devait se réaliser dans le milieu actuel que ceux qui ont la prétention de diriger la production et qui, se plaignant à chaque instant des crises de surproduction, de ce fait qu'à certains moments ils doivent suspendre tout travail, arrêter les machines, parce que les magasins regorgent et que le marché est encombré, s'obstinent cependant à ne pas comprendre que la seule man ère, en régime capitaliste, de restreindre ces crises, de vider les magasins, de désencombrer le marché, de remettre en mouvement tout l'outillage producteur, c'est précisément de réduire le temps de travail qu'ils infligent actuellement à l'ouvrier de tout âge et de tout sexe.

Pas d'autre façon d'introduire un peu d ordre dans l'anarchie économique d'aujourd'hui que d'abréger la durée de l'effort humain, conjurant ainsi, autant qu'elles peuvent l'être ces crises de plus en plus fréquentes de surproduction qui pèsent comme des famines artificielles sur le monde moderne.

Et au point de vue national, qui donc pourrait contester que la précoce consommation de l'homme ouvrier dans l'enfant ouvrier ne maintient pas à l'état de déficit permanent les forces vives du pays ?

Qui donc pourrait se refuser à voir la banqueroute physiologique, la pire des banqueroutes qui se généralise de centre industriel à centre indus-

triel ? C'est là, le grand mal moderne ; l'épuisement de la race humaine, épuisement d'autant plus
criminel qu'il est inutile. puisque vous produisez
déjà plus que vous ne pouvez consommer, puisque
le problème de cette fin de siècle n'est pas « comment produire assez pour satisfaire aux besoins
de tous », mais « comment écouler tout ce qui sort
des ateliers modernes ». *(Applaudissements à l'extrême gauche.)*

Au problème de la production a succédé le
problème de la consommation, des débouchés ;
vous êtes obligés de le constater, toute votre politique coloniale le proclame, cette politique qui
n'appartient à aucun pays en particulier, qui est
de l'ordre capitaliste tout entier. puisqu'elle sévit
en Allemagne comme en France, en Angleterre
comme en Italie, partout

Il faut de nouveaux marchés pour vos produits,
dont vous ne savez que faire. Il faut, par suite,
aborder, envahir, — ce que vous appelez encore
civiliser, — des pays neufs auxquels vous imposez
des marchandises, dont les indigènes n'ont, le plus
souvent, nul besoin. et que vous les obligez à
consommer à coups de canon, alors que vous
avez dans votre propre pays, en France, dans la
vieille Europe, des millions d'êtres, hommes,
femmes, enfants qui aspirent après ces produits,
mais qui sont tellement dépouillés par le salariat,
par l'écart qui va s'agrandissant entre leur puissance de production et leur moyen de consommation, qu'ils ne peuvent saisir au passage, ces
richesses sorties de leurs mains ; et je ne parle

pas de ceux qui sont contraints, comme soldats, comme marins, d aller à Madagascar, au Tonkin, au Congo, payer de leur vie, le nouveau champ de progrès ouvert à l avidité capitaliste.

La journée de huit heures que vous réclame le parti socialiste, la classe ouvrière de partout, se présente comme une solution plus humaine à ce problème des débouchés : d'une part en régularisant une production effrénée, d'autre part en vous apportant de nouveaux consommateurs. Et comment, et pourquoi ? Parce que contrairement à l'erreur répandue, et répandue à dessein par nos adversaires la réduction de la journée de travail non seulement ne fera pas baisser, mais fera hausser avec les salaires, la puissance d achat ouvrière.

J'entendais l'autre semaine M. de Mun invoquer contre ce qu'il appelait « un abaissement excessif, brusque et général de la durée de travail », « la diminution des salaires » qui en devait être le contre-coup, M. de Mun peut se rassurer ! Si la réduction de la journ e de travail devait se traduire par un avilissement de la main d'œuvre, il y a longtemps que les industriels qui sont dans cette Chambre l'auraient inscrite dans la loi. Mais ils savent que, plus la journée de travail est courte, plus les salaires sont élevés. C'est l'économie politique qui va nous fournir l explication de cette apparente contradiction.

Le travail peut être une marchandise particulière, faisant corps avec le producteur, mais il n'en est pas moins une marchandise. Or, ce qui déter-

mine le prix des marchandises, en dehors du coût
de production autour duquel il gravite toujours,
n'est-ce pas la loi ou le rapport de l'offre et de la
demande ? Aujourd'hui, il y a sur le marché une
telle quantité de travail que le prix de la mar-
chandise-travail est au plus bas. La seule manière
d'en faire hausser le prix, c'est de la raréfier.

Ils ne l'ignorent pas, les hauts barons de l'industrie, quand ils forment des *trusts*, quand ils se
syndiquent pour faire renchérir leurs marchandises en les retirant du marché et en les gardant
en magasin jusqu'à ce que les prix aient atteint
le taux par eux fixé. Ils connaissent à fond le fonc-
tionnement. le mécanisme de l'offre et de la
demande, *(Très bien ! très bien ! et rires à l'extrême
gauche.)* Heureusement que les travailleurs ont
également appris à le connaître aujourd'hui ;
Que voulez-vous ? Quand M. Deschanel cessait
d'être un économiste, dans le vieux sens du mot,
les ouvriers le devenaient. *(Nouveaux rires sur les
mêmes bancs.)* Ils se sont mis à l'étude de l'économie
politique avec Marx et après Marx Ils se sont
dit : cette loi de l'offre et de la demande à l'aide
de laquelle on nous a si souvent écrasés, il est
possible de la retourner à notre avantage. Pour
cela, il suffit de réduire, de raréfier la somme ou
le temps de travail que nous avons jusqu'à présent
porté sans compter sur le marché.

Et l'expérience leur a donné raison. Partout où
le travail a été abrégé, vous avez vu au contraire
les salaires s'accroître C'est en Angleterre, où la
durée de la journée de travail atteint à peine dix

heures ; c'est en Amérique où elle est, selon les Etats, de dix heures, de neuf heures, voire même de huit heures et demie ; c'est dans tous ces pays-là que les salaires sont au plus haut, alors qu'ils sont, au contraire, au plus bas là où la journée de travail est la plus démesurée : voyez l'Italie, la Belgique, etc.

Je n'oublie pas que c'est au point de vue de l'intérêt patronal que je défends pour l'instant la journée de huit heures. Et si j'insiste sur l'élévation des salaires qui en est la conséquence, c'est que cette augmentation de la puissance de consommation ou d'achat des masses ouvrières va immédiatement vous assurer ce supplément de débouchés dont vous avez besoin et que vous êtes réduits à chercher, aux dépens des finances publiques et au prix du sang français versé sans compter dans les régions perdues de l'Afrique et de l'extrême Asie.

Oui, la réduction de la journée de travail à huit heures vaudra, pour notre industrie et notre commerce, toutes les colonies, présentes et futures. En faisant hausser les salaires de 1 fr. seulement en moyenne par jour, pour 4 millions et demi seulement d'ouvriers, cela nous donnerait, par année plus de 1 milliard 360 millions de débouchés nouveaux à l'intérieur, soit plus du tiers de nos exportations totales.

Mais alors arrive l'objection : Si les salaires s'élèvent dans une semblable proportion, le prix de revient de la production va croître d'autant.

Voilà ce qui apparaît à première vue ; mais les faits donnent à une pareille conclusion un démenti absolu. De même qu'ils ont démontré que les courtes journées de travail coïncident toujours avec les hauts salaires, de même les faits établissent que la puissance de production des travailleurs augmente avec les salaires élevés et la journée de travail réduite.

Sur divers bancs. Reposez-vous !

M. le Président. Désirez-vous, Monsieur Guesde, que la séance soit suspendue pendant quelques instants ?

Jules Guesde. Je vous remercie, monsieur le président. Je voudrais auparavant citer quelques chiffres à l'appui de ma thèse.

En France, où la journée de travail est de douze heures en moyenne, le produit moyen par ouvrier est de 3,342 francs. A Paris, où la journée de travail est en moyenne de onze heures, la productivité ouvrière est déjà par ouvrier de 6,132 fr. Dans le Massachusets, où la journée de travail n'est que de neuf heures, la productivité ouvrière atteint 9.997 fr. Aux Etats-Unis, — je prends l'ensemble du pays, — où la journée de travail est de neuf heures, la productivité ouvrière est de 10,194 francs. Enfin dans l'Etat de Jersey, où la journée n'est que de huit heures et demie, c'est à 10,394 francs, qu'arrive la productivité ouvrière.

J'ai donc établi que lorsque la journée de travail est réduite, les salaires ouvriers augmentent, en même temps qu'augmente la force productive ouvrière ce qui suffit à écarter tout péril pour l'industrie ou la production nationale.

Voilà les trois points sur lesquels je tenais immédiatement à attirer votre attention.

Et maintenant, comme le proposait M. le président, si la Chambre le permet, j'accepterai une suspension de quelques minutes, avant de continuer et de compléter ma démonstration. (*Applaudissements à l'extrême gauche.*)

M. le Président. La séance est suspendue pendant vingt minutes.

(La séance, suspendue à quatre heures et demie est reprise à cinq heures moins 10 minutes).

M. le Président. La parole est à M. Jules Guesde pour continuer son discours.

Jules Guesde. Messieurs, je n'abuserai pas longtemps de votre attention ni de mes forces, mais j'ai à l'appui de la réduction de la journée de travail à huit heures, à faire valoir d'autres considérations.

Après avoir mis en évidence l'intérêt ouvrier l'intérêt patronal, et l'intérêt social, qui sont en jeu dans la question, j'ai maintenant à indiquer comment cette réduction de la journée de travail — quand à la somme d'heures qu'il serait interdit de dépasser — n'est sortie, ni de la fantaisie de quelques meneurs socialistes, ni des préférences de nombreux groupements ouvriers, mais de nécessités physiologiques dûment constatées. Je vous parle, — et vous l'avez bien compris — de l'expérience décisive citée par le docteur Napias dans sa conférence à l'Association française pour l'avancement des sciences, faite à Limoges le 8 août 1890 :

« Les forces que l'homme peut employer au travail de l'atelier ont des limites qui ont pu être calculées. Pettenkoffer et Voit placent dans une

chambre de verre hermétiquement close, un ouvrier vigoureux, nourri d'une alimentation mixte
se rapprochant de celle qui lui est habituelle, et
chargé de tourner une roue autour de laquelle
s'enroule une chaine supportant un poids de 25
kilogrammes.

« En déduisant de la journée de cet homme les
interruptions occasionnées par les repas et le
repos, il avait fait à la fin du jour, neuf heures
d'un travail assez pénible.

« Cet ouvrier était pesé à son entrée et à sa sortie
de la cage de verre ; les aliments aussi étaient
pesés et analysés, et on analysait l'air à son entrée
dans la cage et à sa sortie. Je ne veux pas entrer
ici plus avant dans le détail de cette expérience,
mais il suffit que je dise que l'homme, pendant
une journée de travail de neuf heures, avait
dépensé sous forme d'acide carbonique, 192 gram-
mes d'oxygène de plus qu'il n'avait pu en aspirer
pendant le même temps. C'était un déficit, et pour
le couvrir il avait fallu qu'il consommât environ
20 p. 100 de la provision d oxygène emmagasinée
dans tout son corps. »

Voilà donc la journée de neuf heures, même
pour un ouvrier vigoureux, soumis à une nourri-
ture substantielle, — ce qui n'est pas le cas pour
l'immense majorité ouvrière, — convaincue de
dépasser les forces humaines.

Il y a usure, destruction de l'organisme humain
et, en s'arrêtant au chiffre de huit heures comme
maximum de la journée à fournir, les travailleurs
ont prouvé que la science existait pour eux, qu'ils

entendaient en faire la base de leurs revendications, et j'espère que la Chambre ne voudra pas se montrer moins soucieuse qu'eux de l'hygiène et de ses lois.

Je voudrais maintenant répondre à un autre genre de critique.

On a feint de croire, entre autres la Chambre de commerce de Lyon, qu'il s'agissait d'une réglementation uniforme, dans toutes les industries et dans toutes les régions, de la journée de travail fixée obligatoirement à huit heures ; et l'on a protesté contre cette égalité établie par la loi comme consacrant, en fait l'inégalité la plus flagrante.

Se plaçant ensuite dans l'hypothèse des nations industrielles s'entendant pour imposer la journée de travail de huit heures, on a prétendu que cette uniformité mathématique créerait encore les inégalités les plus choquantes parce que, entre l'ouvrier anglais par exemple et l'ouvrier du continent, la différence dans la puissance de production est très considérable.

Ce genre d'arguments pourrait avoir une certaine valeur s'il s'agissait de faire fixer par la loi un minimum d'heures de travail, si les socialistes réclamaient huit heures de travail obligatoires pour tous les ouvriers de tous les métiers et de tous les pays. Mais combien de fois encore nous obligera-t-on à faire remarquer que les huiteuristes, n'ont jamais, au grand jamais, poursuivi rien de semblable ? Ils savent trop — pour avoir été les premiers à les signaler — que dans

l'état d'inégal développement mécanique des
diverses industries la dépense non-seulement de
force musculaire, mais de force nerveuse. varie
considérablement d'un métier à l'autre, et pas
plus qu'ils ne comparent huit heures de jour et
huit de nuit, ils ne mettent en parallèle huit
heures de mine et huit heures de balayage ou de
jardinage.

Ce qu'ils demandent,c'est un maximum d'heures
de travail, c'est une loi qui interdira de faire
travailler plus de huit heures par jour. (*Très bien !
très bien !* à *l'extrême-gauche*).

Mais loin de vouloir astreindre uniformément à
ces huit heures les millions d'hommes et de femmes que leur exclusion de toute propriété con-
damne, pour vivre, à la vente quotidienne de
leurs bras ou de leur cerveau, nous espérons bien
que, selon les métiers ou dans la mesure où le
permettra la puissance de leur organisation cor-
porative, les ouvriers contraindront leurs employeurs à ne les employer que sept, six et cinq
heures sur les huit légalement autorisées

En d'autres termes, la limite de huit heures,
établie socialement, correspond pour nous à la
limite de vingt-quatre heures, impossibilité pour
le patronat d'imposer à ses victimes une journée
de travail de] vingt-quatre heures. Il y aurait,
de par la journée sociale de huit heures, impossibilité également pour le même patronat d'imposer aux mêmes victimes une journée de plus
de huit heures.

Mais de même que dans le maximum naturel

de vingt-quatre heures, le nombre des heures de travail a constamment varié par industrie et par pays ; ici. en Angleterre, de neuf heures ; là, en France, de douze ; ici, chez les mineurs de Northumberland. de sept; là, chez nos tisseurs du Nord de onze ; de même, dans le maximum légal de huit heures, il y aurait place pour une inégalité d'heures de travail, fondée précisément sur ce qu'on nous reproche de négliger : la diversité des industries et de l'effort qu'elles exigent, ainsi que des circonstances auxquelles plusieurs sont encore soumises. mortes-saisons, emploi des forces mécaniques, etc. »

C'est dans cet esprit — qui laisse pour compte à nos adversaires la réglementation uniforme l'égalité mathématique, et autres erreurs qu'ils nous reproche — que nous avons toujours mené la campagne des huit heures, et c'est dans cet esprit que la Chambre est appelée par nous à la faire aboutir.

Il me reste maintenant. puisque mon amendement vise non-seulement les enfants, les filles mineures et les femmes, mais aussi les hommes faits, à expliquer comment il nous paraît impossible de faire une distinction dans les travailleurs qu'il est question de protéger.

Je pourrais appeler à mon secours sur ce point, M. Deschanel lui-même, obligé de reconnaître que le contrat de travail n'a rien de commun avec un libre contrat, parce que l'ouvrier, en vendant sa force de travail, se vend en réalité lui-même, d'où impossibilité de parler de liberté en présence d'une pareille vente.

La liberté ouvrière n'existe pas plus pour les adultes que pour les femmes, les enfants; et quand j'entendais M. Labat, dans une séance précédente, nous donner comme type et en même temps l'idéal de la société libérale d'aujourd'hui un système qui consiste à dire à l'homme : « Tu es libre de faire le travail que tu voudras, mais à la condition de mettre en jeu ta responsabilité », je me disais — et vous vous direz comme moi — que cet homme libre de faire le travail qu'il voudrait, de choisir sa profession, de travailler autant d'heures qu'il lui plairait, est un mythe ; il n'est qu'un mythe comme cet autre homme dont les droits ont été solennellement proclamés en 1789. Ce n'est pas là un homme de chair et d'os ; c'est un fantôme, c'est une entité métaphysique qui fait très bien comme argument de polémique. Cherchez-le dans tous les ateliers de France et d'ailleurs, vous ne le trouverez nulle part. Vous figurez-vous un pa'ron à qui un ouvrier viendrait demander de l'embaucher en lui tenant ce langage: « Employez-moi, mais je vous préviens que je n'entends travailler que cinq ou six heures. » Vous entendez sa réponse d'ici, en admettant qu'il daigne répondre ; « Pardon ! mais mon règlement ne connaît que la journée de douze heures. C'est à prendre ou à laisser. Douze heures ou rien manger » De liberté, il n'en existe pas, il ne saurait en exister pour le prolétaire, pris entre la faim et la volonté patronale. Ce ne sont pas seulement les faits qui l'affirment, ce sont les hommes que nous sommes habitués à considérer comme nos adversaires, ce sont des modérés, des conservateurs, comme M. Hector Depasse, par exemple, qui, dans un journal, de préfecture, le *Progrès du Nord,* écrivait, il y a quelques heures à peine :

« La liberté de l'homme ouvrier, chargé de sa femme et de ses enfants, n'est qu'une action parlementaire pour le tenir asservi. Il n y a pas de liberté du travail ; il n'y a pas de liberté économique dans les conditions où nous sommes. Il s'agirait précisément de créer cette liberté. »

La journée de huit heures est un moyen, le seul dans le milieu capitaliste, de donner de la liberté, un peu de liberté à la classe ouvrière.

Il n'y a, en effet, de liberté pour l'ouvrier qu'en dehors de l'usine. Avant son entrée dans la fabrique, oui ; après sa sortie, oui ; tant qu'il y est, jamais ! I ne s appartient pas, il n est qu'un rouage du vaste outillage qu il est appelé à mettre en mouvement. Ce n'est même pas la volonté de l'employeur qui en a ainsi décidé, c'est la machine qui commande à l'employeur comme à l'employé, c'est la chose qui domine l'homme et lui impose sa loi. Car cette discipline qui régit l'atelier capitaliste, nous l avons toujours déclaré, nous, socialistes, elle existera également dans l'atelier socialiste (*Mouvements devers*).

Mais c'est évident, elle n'a pas sa racine dans le bon plaisir ou l'arbitraire de quiconque ; elle naît des conditions mécaniques de la production, des nécessités mêmes de la vapeur en action. (*Très bien ! très bien ! à l'extrême gauche*).

Donc, pas de liberté à l'intérieur de l'usine ; la
liberté ne peut être qu'en dehors du travail industriel ; c'est pourquoi si vous limitez le temps du
travail dans l'atelier, si vous réduisez la journée
de travail de douze heures à huit heures , vous
accordez en réalité à l'ouvrier quatre heures de
liberté.

Il est entendu que nous ne parlons pas ici du
travail accompli par un homme qui est à lui-
même son propre patron, son propre employeur.
Jamais la revendication que nous formulons ici
n'a visé ceux qui travaillent pour leur propre
compte et qui n'emploient pas de salariés ; elle ne
vise que ceux qui font travailler.

En dehors de l'usine, où il a cessé d'être un
homme pour devenir une chose, l'ouvrier, s'il
possède ou a loué un morceau de terre, sera libre
de le cultiver. A quelque travail personnel qu'il
veuille se livrer, liberté encore et toujours. Il
n'est pas question, il ne saurait être question de
restreindre la liberté du travail, mais seulement
la liberté de ceux qui exploitent le travail des
autres, parce que la liberté de ceux qui font travailler est en antagonisme direct avec la liberté
de ceux dont ils ont acheté la force-travail. *(C'est
cela ! Très bien ! à l'extrème gauche)*.

Pour que les ouvriers soient libres, il faut que
les patrons cessent de l'ètre. Ce n'est pas nous qui
avons créé le milieu qui engendre cette contradiction. Loin d'ètre menacée, loin d'ètre atteinte,
la liberté prolétarienne sera constituée et elle ne
peut ètre constituée que par l'interdiction de

prolonger plus de huit heures l'esclavage du travailleur.

Dans la mesure, d'autre part, où elle peut être assurée, dans le milieu homicide d'aujourd'hui, c'est la vie humaine garantie ; ce sont des loisirs pour penser, pour agir, pour être un membre utile de la famille et de la société, mis à la portée de ceux sans le travail desquels il n'y aurait pas d'existence sociale.

Je sais bien qu'à propos de ces loisirs, quelques-uns n'ont pas craint de dire : On les dépensera au cabaret ; ce sera autant de débouchés nouveaux ouverts à l'alcoolisme.

On l'a dit, et sans m'arrêter au caractère injurieux de cette objection pour une classe tout entière — et quelle classe ! celle qui est la providence de tous — je ferai remarquer que les faits tiennent un langage absolument contraire. Ce sont les inspecteurs du travail en Suisse, en Angleterre, qui partout ont dû constater que plus la journée de travail était courte plus l'alcoolisme disparaissait, parce que le besoin d'alcool est en raison directe du surmenage, de l'épuisement de l'organisme ouvrier. (*Applaudissements sur les mêmes bancs*).

Partout où la journée de travail a été réduite on a vu la moralité ouvrière s'accroître, on a vu un homme supérieur se constituer et se développer.

Je le répète, ce sont les faits qui parlent ainsi ; ce n'est pas mon témoignage que j'apporte : c'est le résultat d'une longue et unanime expérience.

De telle sorte que, pour repousser cette réduction de la journée de travail, dans les conditions que je viens d'indiquer en hâte, après les longues épreuves auxquelles elle a été soumise, il faudrait en réalité que votre pensée de derrière la tête se rattachat à ce mot de Guizot, sous la monarchie de Juillet : « Le travail est un frein. » Ce n'est qu'en accablant de travail la classe ouvrière que l'on peut arriver à la dominer, à en faire éternellement la classe gouvernée, en l'abêtisant par le surtravail. (*Très bien ! très bien ! à l'extrême gauche.*)

Si telle n'est pas votre politique, si vous ne voulez pas vous associer à un pareil complot, à un pareil crime contre l'immense majorité de la nation, il vous faudra voter la réforme que nous vous réclamons, parce qu'il est impossible d'invoquer contre elle un autre motif que l'ouvrier devenant homme, occupant ses loisirs à son développement personnel, à l'affranchissement de sa classe, et d'autant plus fort pour conquérir la liberté finale, la liberté définitive.

Si vous vous refusez à un pareil calcul, si vous repoussez comme une suprême injure cette seule supposition, vous serez obligée de laisser passer une mesure qui se présente, dans les conditions actuelles de travail, comme le maximum d'ordre, d'hygiène, de liberté et d'humanité.

En réalité, savez-vous ce qu'il y a au fond de la journée de huit heures ? Purement et simplement une sorte de droit des gens à créer dans la guerre industrielle d'aujourd'hui. (*Applaudissements à l'extrême gauche.*) Il s'agit, dans cette concurrence dans cette lutte à profit qui se livre d'atelier à atelier, de commune à commune, de nation à nation de mettre à l'abri, — comme dans d'autre genre de guerre, — tout ce qu'il est possible de sauver de la vie et de la liberté humaines.

Tel est le sens, la portée, de la réforme que nous avons reçu mission de saisir cette Chambre, mission qui nous a été donnée, non pas seulement comme je vous le disais au début, par le premier congrès de l'association internationale des travailleurs, en 1866, mais par tous les congrès qui se sont tenus en France et hors de France, depuis le congrès national du Havre, qui, en 1880, donnait naissance à notre Parti ouvrier, jusqu'au dernier congrès international réuni à Zurich, en 1893. Dans toutes ces assemblées représentatives du monde du travail, une seule voix, un seul cri : La journée de huit heures.! Journée de huit heures comme moyen de réduire à leur minimum les maux de la société actuelle , comme moyen , d'un autre côté, d'armer le prolétariat pour ses batailles futures; batailles au bout desquelles il y a, non seulement pour le prolétariat, mais pour la société tout entière, la liberté, le bien-être, le bonheur auxquels nous avons droit. Car si on nous a représentés comme ne voyant, dans la question sociale à résoudre, qu'une classe à substituer à une autre classe, si on a été plus loin, nous accusant ici même de ne poursuivre que le remplacement des propriétaires d'aujourd'hui par les propriétaires de demain. on a reculé les bornes. de la calomnie. Non , la révolution à laquelle nous nous sommes voués ne tend pas à mettre une classe au lieu et place d'une autre classe. Nous que l'on accuse d'avoir inventé la guerre de classe, nous poursuivons au contraire la réalisatio "une société dans laquelle il n'y aura plus de classes, dans laquelle, par conséquent, toute guerre aura disparu...

(Séance du 24 Juin).

La première partie de l'amendement, jusqu'au mot « mines », est repossé par 392 voix contre 152.

La deuxième partie, par 430 voix contre 96.

LILLE. — IMP. OUVRIÈRE

www.ingramcontent.com/pod-product-compliance
Lightning Source LLC
Chambersburg PA
CBHW050621210326
41521CB00008B/1336